AF561177

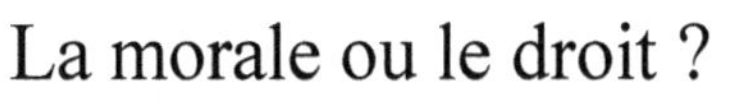
La morale ou le droit ?

Logiques Juridiques

Fondée par Gérard Marcou

Dirigée par Jean-Claude Némery et Thomas Perroud

Le droit n'est pas seulement un savoir, il est d'abord un ensemble de rapports et pratiques que l'on rencontre dans presque toutes les formes de sociétés. C'est pourquoi il a toujours donné lieu à la fois à une littérature de juristes professionnels, produisant le savoir juridique, et à une littérature sur le droit, produite par des philosophes, des sociologues ou des économistes notamment.

Parce que le domaine du droit s'étend sans cesse et rend de plus en plus souvent nécessaire le recours au savoir juridique spécialisé, même dans des matières où il n'avait jadis qu'une importance secondaire, les ouvrages juridiques à caractère professionnel ou pédagogique dominent l'édition, et ils tendent à réduire la recherche en droit à sa seule dimension positive. À l'inverse de cette tendance, la collection « Logiques juridiques » des éditions L'Harmattan est ouverte à toutes les approches du droit. Tout en publiant aussi des ouvrages à vocation professionnelle ou pédagogique, elle se fixe avant tout pour but de contribuer à la publication et à la diffusion des recherches en droit, ainsi qu'au dialogue scientifique sur le droit. Comme son nom l'indique, elle se veut plurielle.

Dernières parutions

Yao AGBETSE, *La supervision de la mise en œuvre des droits de l'homme à l'épreuve de la volonté politique des États africains. La Commission africaine des droits de l'homme et des peuples dans tous ses états*, 2023.
Golnaz KARIMZADEH MEIBODI, *La subrogation réelle en droit patrimonial de la famille*, 2023.
Rawaa SALHI, *La constitution tunisienne de 2014 et le droit international. Tout ce qu'il faut comprendre !*, 2023.
Philippe DE LADOUCETTE, *Régulation indépendante du marché de l'énergie*, 2023.

Daniel Borrillo

La morale ou le droit ?

Prostitution, hijab, gestation pour autrui, euthanasie, pornographie…

5-7, rue de l'École-Polytechnique – 75005 Paris

www.editions-harmattan.fr

ISBN : 978-2-336-40456-1
EAN : 9782336404561

GLOSSAIRE DES ACRONYMES UTILISÉS

AMP : Assistance médicale à la Procréation (PMA)
CA : Cour d'appel
Cass : Cour de cassation (ass. plén.: assemblée plénière)
CCNE : Comité consultatif national d'Éthique
CE : Conseil d'État
CECOS : Centre d'Études et de Conservation des œufs et du Sperme
CEDH : Cour européenne des Droits de l'Homme
CESE : Conseil économique, social et environnemental
CNCDH : Commission nationale consultative des Droits de l'Homme
CNRS : Centre national de la Recherche scientifique
CJUE : Cour de Justice de l'Union européenne
GPA : Gestation pour autrui
INSEE : Institut National de la Statistique et des Études
IRA : *Irish Republican Army*
IVG : Interruption volontaire de Grossesse
LDH : Ligue des Droits de l'Homme
LGBT : Lesbien, gay, bisexuel, transsexuel
LREM : La République en Marche
LR : Les Républicains
OIT : Organisation internationale du Travail
ONU : Organisation des Nations Unies
OMS : Organisation mondiale de la Santé
OPECST : Office Parlementaire d'Évaluation des Choix scientifiques et techniques
QPC : Question prioritaire de Constitutionnalité
PaCS : Pacte civil de Solidarité
PMA : Procréation médicalement assistée (AMP)
RTDCiv. : Revue trimestrielle de Droit civil
TGI : Tribunal de Grande Instance
VIH : Virus de l'immunodéficience humaine

INTRODUCTION

Jeune étudiant à l'université de Buenos Aires, l'une des premières *lectio magistralis* à laquelle j'ai assisté, s'attachait à démontrer la différence entre la morale et le droit. Jusqu'alors, je supposais que la norme juridique se confondait avec la norme morale, certainement à cause de mon éducation religieuse.

La différence de nature entre ces deux catégories est à l'origine de l'essor extraordinaire du droit moderne. Les préceptes de la morale résultent de la loi divine ou de la conscience individuelle tandis que la règle de droit procède de l'autorité instituée politiquement. Les deux systèmes normatifs peuvent coexister pacifiquement puisque la morale correspond au for intérieur alors que le droit est conçu pour assurer l'ordre social. Seuls les États théocratiques confondent vertu individuelle et respect de la loi. Dans l'État démocratique, le droit s'éloigne de toute morale substantielle laissant à l'individu l'entière responsabilité de ses actes.

Toutefois, l'analyse effectuée dans cet essai, à la lumière du droit, n'implique nullement l'écart de la morale. On peut, par exemple, être moralement contre l'avortement et croire cependant que la dépénalisation de l'IVG est nécessaire sur le plan juridique. De même, l'adultère peut être considéré, à titre individuel, une faute morale sans estimer pour autant qu'il faille le sanctionner par la loi.

La scission entre le droit et la morale constitue une boussole qui facilite la compréhension politique des thèmes hautement controversés et sur lesquels je me suis engagé publiquement tel l'avortement ou l'euthanasie.

Souvent les disputes trouvent leur origine dans cette confusion entre ce qui relève de la vertu personnelle (la morale) et ce qui concerne la vie en société (le droit). En ce sens, Pasolini soulignait que la question n'est pas celle d'être pour ou contre l'avortement, mais pour ou contre sa légalisation : « Eh bien moi, je me suis prononcé contre l'avortement et pour sa légalisation. »[1] Comme l'intellectuel italien, je suis pour une légalisation « prudente et douloureuse » à la fois de l'IVG, du suicide assisté et de l'euthanasie même si, moralement j'y suis opposé. En revanche, concernant la liberté procréative, je suis joyeux et moins prudent.

De la contraception à la « PMA pour toutes » en passant par l'adoption pour les couples de même sexe et la GPA[2], mes écrits témoignant de la nécessité d'établir un régime de la filiation fondé sur le projet parental responsable et non sur un quelconque soubassement biologique. Au-delà de la parenté, il s'agit de garantir également le droit à la libre association intime : mariage, union civile, PaCS, concubinage… Les nouvelles formes de conjugalité ont été un terrain de réflexion fécond et d'engagement constant. Sous l'appellation générique de « bioéthique », j'ai abondé dans l'écriture des tribunes pour les principaux quotidiens nationaux.

C'est à la demande de mes lecteurs que j'ai décidé de compiler et actualiser mes interventions publiques dans ce volume articulé autour de la liberté et illustré par les

---

[1] Pier Paolo Pasolini, *Lettres luthériennes*, Points Seuil, 2000, p. 115.

[2] D. Borrillo et Th. Perroud (Dir.) *Penser la GPA*, L'Harmattan, Paris, 2021.

controverses sociétales qui ont marqué les dernières trois décennies de la vie politique française.

Contrairement à la morale, le droit ne proclame pas le bien ou le mal. Il se limite à donner la priorité au juste, compris comme l'acte volontairement choisi et qui ne porte pas préjudice à autrui, sans considérer le contenu dudit acte. Cependant, souvent l'usage que l'individu fait du corps est regardé sous le prisme du bien (le don de sang et d'organes doit être altruiste, la prostitution est mauvaise pour les femmes, le client de la prostitution doit être sanctionné, la gestation pour autrui doit être prohibée, les transsexuels ne doivent pas avoir accès à la procréation médicalement assistée…).

Je propose un changement de perspective à partir d'une analyse qui met entre parenthèses la question morale (le bien) pour me consacrer à la dimension juridique des choses (le juste). Comme le note Michael Sandel : « Parce que la société se compose d'une pluralité de personnes dont chacune a ses propres buts, ses propres intérêts et sa propre conception du bien, elle est disposée au mieux lorsqu'elle est gouvernée par des principes ne présupposant eux-mêmes aucune conception particulière du bien ; ce qui par-dessus tout, justifie ces principes régulateurs, ce n'est pas qu'ils maximisent le bien-être social ou promeuvent le bien d'une quelconque manière, mais plutôt leur conformité au concept du juste. »[3]

Sur le plan politique, outre la distinction fondamentale entre droit et morale, l'affirmation de la souveraineté individuelle constitue l'autre pilier d'une pensée émancipatrice. La démocratie libérale ne subordonne pas la liberté privée à l'intérêt général. Des penseurs comme Max Weber, Anthony Giddens ou Norbert Elias ont

[3] M. Sandel, *Le libéralisme et les limites de la justice*, Seuil, 1999.

montré la tendance des sociétés modernes à l'individuation et au recul des identités collectives.

Dans sa conception moderne, la notion de souveraineté individuelle apparait au XVIe siècle avec la Seconde scolastique et le développement de la notion de *dominium sui*, c'est-à-dire la maitrise que l'homme a de lui-même. Ce principe a permis la mise en œuvre du droit individuel à la vie privée, c'est-à-dire à ce qui échappe à toute intervention sociale. Dorénavant, contrairement à l'Église, l'État n'a pas à protéger l'individu contre lui-même, mais uniquement contre les autres. Ce domaine intime du rapport que nous entretenons avec nous-mêmes nous renvoie à ce que les Grecs appelaient αἰδώς : le gouvernement de soi. Si les racines sont profondes, la formulation juridique est bien plus récente. Comme le souligne A. de Solminihac, « l'idée selon laquelle l'homme disposerait par nature d'un droit sur lui-même et son domaine privé est d'ailleurs un paradigme clef de la modernité juridique. Avec le développement des droits subjectifs, la reconnaissance d'un droit individuel sur soi a infusé en profondeur la pensée et le langage des juristes de la période moderne. »[4] Cette intimité juridiquement reconnue, cette forme de repli sur soi interroge le rapport que nous entretenons avec nous-mêmes. Le droit à la vie privée présuppose l'existence d'une maîtrise, d'un pouvoir de l'individu étendu à sa propre personne et à son corps[5].

Tout cela nous mène à nous poser un certain nombre de questions nous permettant de mieux articuler les situations concrètes que nous allons aborder dans cet essai : l'être

---

[4] A. de Solminihac, *La vie privée : les racines d'un concept juridique protéiforme*, Thèse de doctorat en histoire du droit à l'université de Paris II, 2022, p. 67.

[5] Francisco de Vitoria avait déjà théorisé le rapport naturel (*dominium*) que les Indiens des colonies espagnoles entretenaient avec eux-mêmes et avec les objets extérieurs, un type de rapport constitutif d'une faculté inviolable qui devait reconnaitre la Couronne.

humain est-il libre de disposer de son corps ? Est-il maître de sa vie et de sa destinée ? La maîtrise de la vie constitue-t-elle une donnée naturelle ? La vie est-elle accessible à la volonté individuelle ? Ces questions traversent l'histoire de la philosophie morale et leur réponse détermine la relation de l'individu à lui-même et à son intimité. Si le mouvement féministe, porté par les avancées techniques en matière de contraception, a permis de poser sur la scène publique la question de la disponibilité de soi, de son corps et *in fine* de sa vie, la problématique, comme nous l'avons dit précédemment, n'est nullement nouvelle. Elle constitue effectivement l'un des fondements du rapport au pouvoir, entendu comme contrainte de vie et de mort dans l'Ancien Régime ou en tant que discipline permanente sur le vivant, depuis l'ère moderne, comme l'a mis en lumière Michel Foucault.

Si les avancées technologiques permettant d'objectiver le corps ont certes renouvelé le débat bioéthique, leur ancrage demeure toutefois bien plus ancien. Les Romains organisaient la vie politique à partir de la *summa divisio* : *alieni iuiris* et *sui iuris* ce qui déterminait la communauté d'hommes libres, maîtres d'eux-mêmes et les autres (femmes, étrangers, enfants, esclaves...) se trouvant nécessairement sous tutelle. Contrairement à ce qui avait été théorisé par la Seconde scolastique sur le plan politique (*dominium sui*), la doctrine catholique officielle généralise le dispositif tutélaire sur le plan privé. Désormais, le corps n'appartient plus au chrétien. Il est le temple de Dieu, comme le souligne Saint Paul : « Le corps n'est pas pour l'inconduite, il est pour le Seigneur et le Seigneur pour le corps » ; « celui qui se livre à l'inconduite pèche contre son propre corps. » Le corps, porteur provisoire de l'âme, est sacré et doit être respecté par les autres comme par celui qui l'habite. L'Église n'hésite pas à utiliser la figure de l'usufruit pour caractériser le rapport de l'individu à son corps. Reprenant la tradition, Pie XII dans son *Allocution aux participants du VIII congrès international des médecins à Rome*, le 30 septembre 1954, proclamait : « L'homme n'est que l'usufruitier, non le possesseur indépendant et le propriétaire de son corps et de tout ce que le créateur lui a donné pour qu'il en use et cela conformément à la nature. »

Une autre lecture est cependant possible. Celle, par exemple, du philosophe catholique François Galichet lorsqu'il affirme : « Parce que la vie est un don de Dieu, elle est un bien dont nous sommes pleinement responsables, de son commencement (l'âge de raison) jusqu'à son terme (la mort). Exclure la mort du champ de notre liberté, c'est faire injure à Dieu, le considérer non comme un Dieu d'amour, mais comme un Dieu jaloux, possessif, imposant des interdits et des restrictions à ce qu'il donne, ne faisant pas confiance aux êtres qu'il a créés libres et responsables. »

De nos jours la justification chrétienne traditionnelle s'est laïcisée et la majorité des juristes s'accorde à considérer que la vie et l'existence n'appartiennent pas à la personne. En effet, la technique de la propriété ne semble pas la plus adéquate pour qualifier le rapport de l'individu à son corps et à sa vie. Les spécialistes du droit public parleront plutôt d'une liberté que d'un droit subjectif et les professeurs de droit privé oscilleront entre la notion de contrat, lorsqu'il s'agit de déterminer la responsabilité civile ou de primauté de la personne humaine[6], lorsqu'il s'agit de justifier les limitations à la libre disposition de soi.

[6] Art. 1128 du code civil de 1804 : « Il n'y a que les choses qui sont dans le commerce qui puissent être l'objet des conventions. »

Sans rentrer dans le débat relatif à la nature du droit qui relie la personne à son corps : droit subjectif ou naturel, liberté ou droit de la personnalité, il semble important de souligner que l'utilisation que les juges font de la notion de propriété peut être particulièrement bénéfique pour l'individu. Souvenons-nous de la décision de la Cour d'appel de Californie laquelle a considéré, dans l'affaire *Moore*, que le malade avait un droit de propriété sur ses cellules qui ont servi de base à la création d'un médicament breveté par une multinationale pharmaceutique. Cet arrêt a permis à M. Moore d'obtenir un dédommagement important[7]. Malheureusement, la Cour Suprême a décidé le contraire laissant le plaignant sans argent, mais avec sa dignité[8].

Contrairement à l'argument de la dignité, celui de l'autonomie permet à l'individu de devenir son propre « créateur » et acquérir ainsi la pleine maîtrise de son corps. L'idée même de modernité implique ce rapport d'appartenance à soi-même. C'est parce que l'on a pu s'arracher à la domination naturelle du monarque absolu qu'il fut possible de déléguer le pouvoir aux représentants du peuple. La question est donc éminemment politique : le lien qui me lie à mon corps et à ma vie apparaît ainsi comme un lien civique et non pas uniquement comme un lien naturel comme le prétendait Savigny dans sa formule

---

[7] La Cour d'appel de Californie avait accepté l'action en revendication de John Moore (*action for convertion*), c'est-à-dire celle qui vise l'hypothèse où un tiers s'est emparé du bien d'autrui sans y être autorisé. En acceptant cette action, la Cour reconnait un droit de propriété de Moore sur ses cellules.

[8] Une situation hautement paradoxale se développe au fil des arguments de la Cour suprême : d'un côté la Cour refuse le droit de propriété sur le corps humain en invoquant les risques d'un marché sur le corps avec les conséquences néfastes que cela implique et de l'autre côté, la Cour défend le droit de commercialisation des mêmes produits par les industries biotechnologies. Bref, la Cour suprême refuse à l'individu les mêmes droits qu'elle accorde aux institutions qui ont breveté la lignée cellulaire dont la matière fut les cellules de Moore.

célèbre « *Jus in se ipsum.* » Autrement dit, le droit de propriété sur ma propre personne ne découlerait pas seulement de la loi naturelle, mais aussi et surtout de la loi politique.

En ce sens, le slogan des féministes « mon corps m'appartient » avait une portée émancipatrice : l'individu contre l'autorité, la femme contre l'État. Il s'agit selon Gisèle Halimi, « d'un point de résistance infranchissable. » C'est à partir de cette notion qu'il nous est permis de penser le rapport de l'individu à son corps, à sa vie et à sa reproduction. À ceci près que ce point de résistance s'est aujourd'hui déplacé : il se trouve désormais du côté des transsexuels qui souhaitent accéder au changement d'état civil sans passer par l'autorisation judiciaire ou voir leur parenté reconnue en fonction du sexe revendiqué et non de celui de naissance. Il est aussi du côté des femmes qui souhaitent porter un enfant pour autrui ; des prostitués, femmes et hommes, qui se battent pour la reconnaissance du statut de travailleur et travailleuse du sexe, ou encore du côté de malades qui veulent choisir leur fin de vie.

Une démarche démocratique commence donc par penser le lien qui nous lie à nos vies, à nos corps et à notre descendance non pas à partir d'une vision sacralisée de la vie (nécessairement indisponible par l'individu), mais au regard d'une conception souverainiste du sujet de droit. Comme le note Tocqueville : « l'individu est le meilleur comme le seul juge de son intérêt particulier […], chacun est le meilleur juge de ce qui ne regarde que lui seul. »[9] La triade de Locke avait préparé le terrain de Tocqueville fondant la souveraineté personnelle sur la capacité de l'individu à se gouverner soi-même (*self-government*), à se

[9] A. de Tocqueville, *De la démocratie en Amérique*, livre I, partie I, chap. V, 1848.

posséder soi-même (*self ownership*) et à avoir la maîtrise sur soi (*lord of his own person*).

Pourtant cette vision de la liberté, propre au XVIIIe, fut nuancée par Foucault, qui a mis magistralement en lumière des nouvelles formes de domination sur la vie : le biopouvoir, défini par le philosophe comme « l'ensemble des mécanismes par lesquels ce qui, dans l'espèce humaine, constitue ses traits biologiques fondamentaux va pouvoir entrer à l'intérieur d'une politique, d'une stratégie politique, d'une stratégie générale de pouvoir. » Les limites à cette nouvelle forme d'assujettissement semblent acceptées par les sociétés démocratiques qui, conformément aux règles de bioéthique, ont permis de justifier certaines interventions de l'État (et de ses gardiens : hôpital, comité d'éthique, prison...) sur les corps des individus. De même, les interventions permettant d'empêcher les abus et les déséquilibres financiers entre les parties semblent un impératif démocratique. Toutefois, la critique du marché et la mise en lumière du biopouvoir ne doivent pas éclipser les principes qui fondent les droits de l'homme depuis la perspective de la pensée politique moderne, à savoir la liberté de l'individu dans la relation qu'il entretient avec lui-même.

Sur le fondement de la protection de la vie privée, la Cour européenne des droits de l'homme a reconnu le droit de tout individu à « l'autonomie personnelle »[10]. Est ainsi admise la « faculté pour chacun de mener sa vie comme il l'entend », ce qui « peut également inclure la possibilité de s'adonner à des activités perçues comme étant d'une nature physiquement ou moralement dommageable ou

---

[10] CEDH, 20 mars 2007, *Tysiac c. Pologne*, § 107 ; CEDH, gr. Ch., 10 avril 2007, *Evans c. Royaume-Uni*, § 71.

dangereuse pour sa personne »[11]. C'est aux individus de choisir ce qui est convenable pour la réalisation de leurs intérêts. Et nous devons respecter ce choix même s'il nous semble choquant et contraire à la dignité humaine.

L'autonomie personnelle s'exprime particulièrement dans le droit de disposer librement de son corps. Comme le notent les juges de Strasbourg, « certaines personnes peuvent ressentir le besoin d'exprimer leur personnalité par la manière dont elles décident de disposer de leur corps »[12]. Toutefois, l'absence de consensus et la marge d'appréciation des États limitent considérablement l'autonomie individuelle en tant que droit subjectif. De surcroît, au niveau national, des principes tels que la dignité humaine, l'indisponibilité du corps humain et de l'état des personnes, ou encore le corps hors commerce, ajoutés à une supposée « fonction anthropologique du droit » fondent un nouvel ordre impératif et transcendant susceptible d'anéantir toute prétention subjective de l'individu à son corps, à sa vie et à sa destinée.

J'ai essayé, en ce sens, d'interroger les arguments relatifs à l'auto-détermination, lorsqu'il s'agit de protéger l'individu y compris contre lui-même. Ainsi, deux courants se dessinent. D'un côté, celui qui met en avant l'autonomie morale et la liberté individuelle sous la forme de la prééminence de la *privacy* et de l'autre côté, celui qui considère que les droits subjectifs peuvent être sacrifiés au nom d'une priorité normative sur l'affirmation « égoïste des désirs individuels », en invoquant des principes supra-

---

[11] CEDH, 29 avril 2002, *Pretty c. Royaume-Uni*, § 61 ; *AJDA*, 2003, p. 1383, note Le Baut-Farrarèse.

[12] CEDH, 29 avril 2002, *Pretty c./ RU*, § 66, *AJDA*, 2003, p. 1863, note Le Baut-Ferrarèse ; *RTDCiv.*, 2002 p. 482, obs. Hauser, et p. 858, obs. Marguénaud ; formule reprise par CEDH, 17 février 2005, *K.A. et A.D. c. Belgique*, § 83, *RTDCiv.*, 2005, p. 341, note Marguénaud ; *D.*, 2005, p. 2973, note Fabre-Magnan.

individuels tels que l'ordre public corporel[13], l'identité narrative[14], la fonction anthropologique du droit[15], l'ordre symbolique[16], la communauté de sens[17], la dignité humaine[18], l'Humanité... Cette dernière est considérée comme une entité antérieure à l'humain et s'imposant à lui par l'usage réflexif du principe de dignité humaine. Les droits subjectifs de l'homme (individuel) doivent donc se subordonner au droit objectif de l'Humanité qui nous habite de manière collective. Ainsi, on trouverait les droits de la personnalité d'un côté et les droits de l'Humanité portés par tout en chacun, de l'autre. De telle sorte que la protection de l'Humanité qui est en nous justifie l'intervention de l'État contre notre volonté, si nécessaire, car il semble connaître mieux que nous notre part d'Humanité.

De même, les notions d'indisponibilité de l'état des personnes et de corps hors commerce permettent de justifier les limites à la liberté de l'individu vis-à-vis de lui-même, de sa procréation, de son genre et de sa mort. Ces limites peuvent effectivement être nécessaires et justifiées quand il s'agit des atteintes provenant des tiers, mais lorsqu'il est question d'un choix de l'individu concernant sa propre personne, l'imposition de telles limites devient pour le moins problématique. De surcroît, lorsque celles-ci se présentent comme de nature

---

[13] M. Marzano, *Je consens, donc je suis - Éthique de l'autonomie*, Paris, PUF, 2006.

[14] I. Théry, *Des humains comme les autres. Bioéthique, anonymat et genre du don*, Paris, Éd. de l'EHESS, coll. « Cas de figure », 2010.

[15] G. Lhuilier, « Controverse : Les juristes sont-ils des clercs ? Sur la dimension anthropologique du droit », *Esprit*, 289 (11), nov. 2002.

[16] Présenté par P. Legendre comme une transcendance régulatrice de l'ordre objectif du droit.

[17] F. Tönnies, *Gemeinschaft und Gesellschaft, Darmstadt*, Wissenschaftliche Buchgesellschaft, 1991.

[18] J.-P. Feldman, « Faut-il protéger l'homme contre lui-même ? La dignité, l'individu et la personne humaine », *Droits*, 2008/2 n° 48.

universelle, abstraite et anhistorique, elles peuvent servir de moyen pour court-circuiter le débat politique.

D'autres courants se sont opposés à la libre disposition de soi, comme le montre B. Guillarme[19], non pas à partir d'une conception sacralisée du corps, mais sur la base d'une critique du consentement contractuel, source d'aliénation, puisqu'il installerait un rapport distancié de l'individu à son corps.

Le féminisme matérialiste, inspiré de la pensée marxiste, considère que, pour les femmes, le consentement est nécessairement vicié à cause de la domination masculine. Ainsi l'expérience subjective de celles-ci n'aurait pas d'importance, car, sur le plan structurel, toute femme est une victime. Cela permet d'arriver à la conclusion qu'aucune femme dans aucune circonstance ne peut consentir à se prostituer, à porter la burqa ou à pratiquer une GPA.

Malgré sa radicalité, cette critique a permis une interrogation juridique pertinente : comment le droit saisit-il le consentement des parties à l'acte ? Quelle analyse fait-il de leurs conditions particulières ? Et surtout, elle a posé la question de savoir si l'on peut continuer à maintenir les frontières entre sphère privée et sphère publique dès lors qu'on touche à une problématique si fondamentale que la disposition de soi. Justement, l'analyse approfondie du consentement me semble plus que jamais nécessaire dans un monde d'inégalités économiques et sociales. Mais, une fois que le consentement a passé l'examen minutieux auquel le soumet le droit et qu'il n'y a ni dol, ni contrainte, ni déséquilibre financier dans les prestations, au nom de quoi est-il permis d'interdire cette libre disposition ?

---

19 B. Guillarme, « Deux critiques du consentement », *Raisons Politiques*, 2012 n° 46.

Penser que dans aucune circonstance aucune personne ne peut disposer librement de son corps pour, par exemple, se prostituer, faire une GPA ou demander une aide active à mourir, ne reviendrait-il pas à traiter tout le monde comme des incapables ?

Comment donc trouver l'équilibre entre une protection nécessaire dans un monde où le marché placerait uniquement une minorité détentrice de tous les droits y compris ceux de disposer du corps d'autrui et la sauvegarde de ce qui fonde notre système démocratique : le droit à l'intimité et au respect de la vie privée comme *ultima ratio* dans le rapport à soi.

Si les réticences semblent justifiées, il faut toutefois mesurer le risque d'un interventionnisme paternaliste. À vouloir protéger l'individu contre lui-même, ne sommes-nous pas en train de créer une société des victimes au lieu d'encourager l'autonomie, l'émancipation, le pouvoir d'agir des individus ?

La prise en compte de rapports de domination ne devrait pas installer les individus dans le statut de victimes, mais au contraire leur permettre de s'affranchir de cette fatalité. La question centrale qu'il faut se poser est celle de savoir qui décide, *in fine*, de ma vie ?

Ce qui me semble problématique ce n'est pas tant la mise en place, au nom de la dignité humaine, d'un ordre public corporel (*noli me tangere*) que l'application de cet ordre public contre la volonté de l'individu dans ce qui a de plus intime, à savoir le rapport à lui-même. Traditionnellement, cette emprise sur la vie peut s'expliquer par la volonté de l'État de maîtriser ses sujets : « Comme la personnalité est un don du groupe qui confère une dignité, la faire disparaître par le suicide revient à nier le collectif qui a créé la personne en la conférant », souligne Xavier Bioy.[20] Cette idée est ancienne puisqu'au XVIe siècle « le suicidé commettait un acte de félonie, non seulement parce qu'il agissait contre la nature et contre Dieu, mais aussi contre le roi, « en ce que, par cet acte, le roi a perdu un sujet ; et étant la tête, il a perdu l'un de ses membres mystiques. »[21]

Le rapport à soi, à son corps, à sa vie et à sa destinée me semble si intime, si subjectif que l'intervention de l'État ne devrait être envisageable que d'une manière exceptionnelle. Or, force est de constater que plusieurs pratiques volontaires qui ne nuisent pas à autrui demeurent sévèrement punies comme la gestation pour autrui (trois ans de prison et 45.000 euros d'amende), l'insémination post-mortem (deux ans d'emprisonnement et de 30.000 euros d'amende), l'euthanasie (trente ans de réclusion criminelle), le suicide assisté (trois ans d'emprisonnement et 45.000 euros d'amende), le test génétique non médical (un an d'emprisonnement et 1.5000 euros d'amende), le client de la prostitution (1.500 euros d'amende) ou encore le port du niqab, sanctionné de 150 euros ou d'un stage de citoyenneté. De même, ce n'est pas l'individu qui est maître de la destinée de sa dépouille, mais l'Administration : seules l'inhumation ou la crémation sont possibles, tout autre choix est exclu, tel la cryogénisation, l'immersion en mer ou l'embaumement même si ces pratiques n'encourent aucun risque pour la salubrité ou pour la santé publique.

L'État est toujours mal à l'aise lorsqu'il s'agit de réguler le rapport de l'individu à son corps. Au lieu de consacrer un droit subjectif, le Législateur s'est limité à sortir du champ de la norme pénale certaines pratiques comme la contraception, l'avortement, le changement de

[20] X. Bioy, *Le concept de personne humaine en droit public*, Paris, Dalloz, 2003, p. 709.

[21] E. Kantorowicz, *Les deux corps du roi*, Paris, Gallimard, 1989, p. 197.

sexe ou l'accouchement « sous X », au point que la libre disposition de soi apparaît plus comme une figure rhétorique que comme une véritable prérogative individuelle. C'est, en effet, à partir d'une justification clinique que l'individu est autorisé à agir et non comme créancier des droits subjectifs sur sa propre personne. Ce n'est pas le respect de la « vie privée » et du « consentement libre » qui régit le rapport de l'individu à lui-même, ces notions sont considérées souvent comme trop subjectives, trop susceptibles de mener vers l'aliénation et la réification de soi. À leur place, l'État propose le respect de la « dignité humaine », entendu non pas comme un bien individuel, mais comme un bien commun : l'Humanité qui nous habite. Cette idée n'est pas nouvelle. Elle renvoie aux thèses théologiques relatives à la sacralité du corps comme tabernacle de l'âme. Et plus récemment, elle fait référence à la philosophie kantienne et néo-kantienne exprimée par Carole Pateman et Harry Frankfurt dans leurs critiques du consentement. Ces auteurs proposent de requalifier le rapport à soi non pas à partir de la libre disposition individuelle, mais à partir de l'identification et de l'amour entendu comme bien-être fondamental duquel les personnes ne sauraient se détacher qu'au risque de s'aliéner[22]. C'est ainsi au nom de l'amour et du bien-être (*care*)[23] que l'on interdirait à une personne

---

[22] Sur cette question, je renvoie à l'essai de R. Ogien, *Philosopher ou faire l'amour* (Grasset 2014) qui démontre comment l'éloge de l'amour est devenu un genre qui exprime la pensée conservatrice et qui sévit désormais à droite comme à gauche.

[23] Les théories dites « du *care* » trouvent leur origine dans une étude publiée par Carol Gilligan en 1982 aux États-Unis. Celle-ci met en évidence, à travers une enquête de psychologie que les critères de décision morale ne sont pas les mêmes chez les hommes et chez les femmes. Là où les premiers privilégient une logique de calcul et la référence aux droits, les femmes préfèrent la valeur de la relation, s'orientant surtout en fonction de ce qui peut conforter les relations interpersonnelles et développer les interactions sociales. A. Zielinski,

de solliciter une aide au suicide, d'assister sexuellement une personne handicapée, de se prostituer, de porter un enfant pour autrui, de participer à un spectacle de cirque (lancer de nain)[24], de se faire inséminer avec le sperme de son compagnon décédé, de s'adonner à des pratiques sexuelles extrêmes ou de porter la burqa.

À la libre disposition de soi (et de toutes les libertés qui en découlent : liberté procréative, liberté sexuelle, liberté religieuse, liberté d'expression, liberté vestimentaire...), une nouvelle forme de conservatisme anti-libéral propose (et parfois impose) l'amour de l'Humanité qui est en nous. Au nom de notre propre bien-être et, si nécessaire contre notre propre volonté « aliénée » cette nouvelle et puissante forme de paternalisme considère que, d'une manière générale et *in abstracto,* certains choix sont « essentiellement » mauvais puisque contraires à l'amour de soi ou à la dignité humaine. Ainsi, il ne s'agit plus de promouvoir les droits de l'homme, mais les droits de l'Humanité. Il ne s'agit plus de droits subjectifs de l'individu, mais de l'ordre public de la dignité humaine. Celle-ci, souligne O. Cayla : « en pleine inflation fétichiste dans le vocabulaire juridique contemporain, offre aux adversaires résolus du subjectivisme moderne le moyen de combattre aussi bien en théorie qu'en pratique toute idée

---

« L'éthique du *care* : Une nouvelle façon de prendre soin », *Études* 2010/12, p. 631 à 641.

[24] L'affaire dite du « lancer de nain » fait référence à une décision du Conseil d'État du 27 octobre 1995, donnant raison à la maire de Morsang-sur-Orge, opposée aux « lancer de nain », au motif qu' « une telle attraction porte atteinte à la dignité de la personne humaine » (malgré qu'elle soit consentie) et trouble l'ordre public. Et ce, même si l'intéressé est d'accord. L'affaire avait commencé en 1991 à Morsang-sur-Orge. La maire (PCF) de l'époque avait annulé une soirée « lancer de nain » dans une boîte de nuit. Passée par le tribunal administratif, le Conseil d'État et la commission européenne des Droits de l'homme, cette affaire est remontée en 2002 jusqu'au Comité des droits de l'homme des Nations Unis à Genève qui a jugé que « l'interdiction du lancer de nain est fondée sur des critères objectifs et raisonnables. »

de souveraineté individuelle, y compris dans le cadre intime de la seule disposition de soi, en prétendant médiatiser et donc surveiller et contrôler, sans nullement y avoir été autorisés par l'intéressé de quelque manière que ce soit, le rapport que le sujet entretient avec lui-même, en lui faisant valoir que, même dans le contexte apparent de la plus pure *privacy*, la présence permanente de l'humanité qui l'habite lui interdit pourtant toute solitude et toute possibilité d'échapper à la transcendance des réquisitions d'un ordre public ou symbolique naturel. »[25]

Assigner les individus à cet ordre implique au même temps investir l'État d'une mission, celle de rendre les citoyens vertueux. Les croisades morales contre les clients des prostituées et les personnes ayant recours à une mère porteuse ne constituent que les manifestations politiques de cette conception substantielle et objective de la dignité humaine. Face à celle-ci, une autre conception de la dignité est possible : celle qui recouvre le droit de chacun de faire ce qu'il estime conforme à ses croyances, à ses valeurs ou à ses intérêts. Les impératifs de l'État de droit devraient conduire l'État à une parfaite neutralité, au regard tant des valeurs que des pratiques culturelles dominantes. Malheureusement, ce n'est pas cette logique qui semble prévaloir dans les rapports de l'individu à lui-même, mais une autre logique de type paternaliste et compassionnel, imprégnée de connotations moralisatrices fournissant le cadre et la matrice de ce qu'on pourrait désormais appeler l'État-moral[26].

Pendant trente ans, à l'occasion des différents débats sociétaux qui ont jalonné la vie politique française, je suis intervenu régulièrement afin de proposer une lecture libérale des enjeux politiques et juridiques de ces

---

[25] O. Cayla, *op. cit.* note 3.

[26] La formule est empruntée à J-F. Gaudreault-DesBiens, *Le sexe et le droit*, Liber, 2001.

questions. Du Pacte civil de solidarité (PaCS) à l'interdiction de la burqa, du changement de sexe à l'état civil au mariage pour tous, de la pénalisation des clients des prostituées au maintien de l'interdiction du suicide assisté en passant par la pornographie, la GPA (gestation pour autrui) ou encore le blasphème, les discussions institutionnelles, intellectuelles et populaires ont mis en évidence la difficulté de notre société à assumer les principes libéraux qui l'ont pourtant fondée. Au nom d'une vision paternaliste de la protection des victimes, de la dignité humaine et de la laïcité, nous nous mettons régulièrement en contradiction avec nous-mêmes dès lors que nous croyons qu'il suffit de chasser la liberté pour protéger l'Humanité (cette partie considérée indisponible de nous-mêmes). Notre identité politique et le fondement de l'État de droit, à savoir la protection des libertés fondamentales et la prééminence de l'individu sur le collectif, demeurent les fils conducteurs de ce que Habermas appelle la démocratie constitutionnelle. C'est celle-ci qui se trouve questionnée dès lors que, au nom de la tutelle des vulnérables, les pouvoirs publics interviennent dans la sphère de la vie privée des personnes y compris contre leur volonté et toujours pour leur bien.

Il ne s'agit nullement de minimiser les situations de domination et de contrainte. Toutefois, il m'est difficile d'accepter que certains groupes d'individus constituent *per se* des victimes comme le considère la loi de 2016 pénalisant les clients des prostituées. Si la femme est incapable de choisir la prostitution, selon la loi, elle l'est tout autant en ce qui concerne le port de la burqa dans l'espace public ou le recours à la gestation pour autrui. Au nom de leur dignité, l'État interdit ces pratiques, car il semble connaître mieux que les femmes elles-mêmes ce qui est bien pour elles. Et il ne s'agit pas uniquement des femmes, le paternalisme est généralisé. Ce qui explique des dispositions légales limitant la liberté de l'individu de disposer de sa vie, de son cadavre, de sa manière de s'habiller, de son corps, de sa sexualité. De nos jours, le mot même de libéralisme fait figure d'épouvantail. Toutefois, malgré un retour en force du conservatisme politique et moral, le fondement de la démocratie demeure le libre consentement et l'absence de préjudice à autrui, seuls éléments capables de définir la frontière entre le permis et l'interdit. Cependant, ce n'est plus au nom de la liberté, mais au nom de la dignité humaine que les lois se font dorénavant. Qui serait contre ? Personne bien évidemment dès lors qu'elle s'applique à autrui. En revanche, lorsqu'elle s'impose à moi par la force publique, cette dignité devient tyrannie. Qui saurait mieux que moi-même ce qui est bon pour moi ?

Ainsi, vis-à-vis de moi-même aucun pouvoir, aucune autorité ne saurait se substituer à moi et à mes choix vitaux sous peine de compromettre le soubassement du contrat social. Affirmer la libre disposition de soi constitue l'acte premier de résistance envers toutes les formes d'assujettissement.

Enfin, avec Alberdi, le père de la Constitution argentine, je pense que « le peuple n'est pas souverain de ma liberté ni de mon intelligence ni de mes biens, ni de ma personne que je tiens de la main de Dieu. »[27] Avec Isaiah Berlin, je trouve insupportable que l'État et ses bureaucrates prétendent connaitre mieux que moi-même ce qui est bien pour moi. Les individus sont censés avoir la capacité de raisonner et de faire des choix délibérés pour eux-mêmes, contrairement à ce que pensait Platon dans sa vision élitiste de la *Polis*. Contre ce platonisme qui ne dit pas son nom dans lequel baigne la vie politique française,

---

[27] D. Borrillo, « Le Droit pour repenser l'État libéral et la démocratie moderne » in D. Quattrocchi-Woisson (Dir.), *Juan Bautista Alberdi et l'indépendance argentine*, Paris, Presses de la Sorbonne Nouvelle, 2011.

je me suis toujours révolté[28] surtout lorsqu'au nom des savoirs institués, ces experts autoproclamés essayaient de réduire le périmètre des revendications politiques des minorités. Aussi, je crois, avec Locke, que « la finalité de la loi n'est pas d'abolir ou de restreindre, mais de préserver et d'élargir la liberté ; et dans toutes les conditions des êtres créés qui sont capables de vivre d'après des lois, là où il n'y a pas de loi, il n'y a pas de liberté. »[29]

Roland Barthes, après avoir indiqué certains de ses goûts et de ses dégouts, souligne : « J'aime, je n'aime pas : cela n'a aucune importance pour personne ; cela, apparemment, n'a pas de sens. Et pourtant tout cela veut dire : mon corps n'est pas le même que le vôtre. Ainsi, dans cette écume anarchique des goûts et des dégoûts, sorte de hachurage distrait, se dessine peu à peu la figure d'une énigme corporelle, appelant complicité ou irritation. Ici commence l'intimidation du corps, qui oblige l'autre à me supporter libéralement, à rester silencieux et courtois devant des jouissances ou des refus qu'il ne partage pas. (Une mouche m'agace, je la tue : on tue ce qui vous agace. Si je n'avais pas tué la mouche, c'eût été par pur libéralisme : je suis libéral pour ne pas être un assassin.) »[30]

C'est cette position minimaliste, cette forme de désillusion optimiste qui m'a fait prendre la seule arme que je sais manier : la plume.

---

[28] D. Borrillo, « La République des experts dans la construction des lois : le cas de la bioéthique », Revue *Histoire@Politique*, 2011/2 n° 14, pages 55 à 83.

[29] J. Locke, *Le second traité du gouvernement civil*, traduit de l'anglais par J.-F. Spitz, Paris, Presses Universitaires de France, 1994, p. 42.

[30] R. Barthes, *Roland Barthes par Roland Barthes*, Seuil, Paris, 2014.

CHAPITRE I

La souveraineté individuelle

1. La libre disposition de soi et le biopouvoir

Le dispositif bioéthique français se caractérise par un fort interventionnisme de l'État aussi bien sur le contenu des normes que sur la méthode de création et de révision législatives. Il suffit qu'une question soit considérée comme appartenant au domaine juridique de la bioéthique pour qu'elle se trouve automatiquement soumise à un traitement politique spécifique. C'est cette spécificité que l'on appelle « bioéthique à la française ». Elle fut le fruit de la volonté du président François Mitterrand qui, s'inquiétant de l'évolution scientifique en matière de génétique humaine, a propulsé par décret du 23 février 1983 la création d'un Comité consultatif national d'Éthique pour les Sciences de la Vie et de la Santé (CCNE). Premier dans son genre au niveau international, le CCNE a fait de la bioéthique une question d'État. Depuis sa création, le ton est donné : le CCNE est composé de personnalités nommées par le président de la République ou désignées par les autorités de l'État (Premier ministre, Conseil d'État, Cour de cassation, institutions publiques de recherche…), lesquelles se trouvent investies de la légitimité pour dire ce qui est conforme à l'éthique. Ces avis sont certes consultatifs, toutefois ils jouissent d'une portée politique incontestable.

Outre le concours du CCNE, d'autres institutions interviennent dans la construction de la règle bioéthique. En effet, sans les rapports du Conseil d'État, de l'Agence de la Biomédecine, de la Commission nationale consultative des Droits de l'Homme (CNCDH), de l'Office Parlementaire d'Évaluation des Choix scientifiques et techniques (OPECST) et de la tenue des États généraux de la Bioéthique, les révisions successives des lois bioéthiques ne sont tout simplement pas réalisables. Voici une autre particularité du dispositif bioéthique français : la révision régulière de la loi afin que le droit puisse s'adapter aux évolutions de la science et des pratiques médicales. Le dispositif actuel est le résultat de la troisième révision de 2021, les autres ont eu lieu respectivement en 2004 et en 2011.

Malgré l'organisation des États généraux de la Bioéthique (une forme de consultation citoyenne), ce n'est pas tant la parole des intéressés qui compte (malades, usagers du service médical, associations, citoyens…), mais plutôt celle des experts désignés par l'Administration. Dans un cadre strictement contrôlé par le CCNE, 270 débats publics furent organisés à Paris et en province ainsi que 150 auditions d'experts et d'associations ; 65.000 contributions furent recueillies sur le site Internet dédié à cette consultation. Cependant, ce n'est pas l'expérience du terrain qui prévaut (hôpitaux, laboratoires scientifiques, associations familiales…), mais l'avis de la technocratie d'État. Pour preuve, alors que la question de l'euthanasie et le suicide assisté constituent des thèmes plébiscités par les États généraux, ils n'ont jamais intégré le projet de loi et, partant, le débat parlementaire.

Le dispositif est complété par la Mission d'information de l'Assemblée nationale sur la révision de la loi relative à la bioéthique créée en 2018 pour procéder aux auditions d'experts et de la société civile avant le débat parlementaire. Ladite Mission est composée de soixante-douze députés dont la moitié est membre de LREM. Entre le 16 mai et le 7 novembre, elle a auditionné une centaine de personnalités sous la forme de tables rondes disciplinaires. Au terme de cette procédure, la Mission publie ses conclusions. C'est après le rendu des rapports des institutions indiquées plus haut et une fois conclues les auditions parlementaires que la discussion proprement dite peut s'engager à l'Assemblée nationale.

Rappelons-nous qu'il s'agissait d'un projet de loi (provenant du gouvernement) enrichi théoriquement par les différents amendements des deux chambres, mais en réalité ce sont uniquement ceux soutenus par le gouvernement qui ont fini par être adoptés.

En dehors de la procédure présentée plus haut, le Parlement, c'est-à-dire la représentation populaire, ne peut pas se saisir d'une quelconque question bioéthique. Tout se passe comme si le peuple était incapable d'en délibérer librement sans la tutelle des experts et indépendamment du cadre contraignant de la méthode technocratique imposée par l'État. La bioéthique est ainsi devenue un espace sacré dans lequel on ne pénètre qu'avec l'autorisation des initiés et des institutions.

Le soubassement du système légal est constitué par trois textes de 1994 qui viennent pour la première fois encadrer la bioéthique en France. La loi du 1er juillet 1994 relative au traitement des données nominatives ayant pour finalité la recherche dans le domaine de la santé et deux lois du 29 juillet 1994 portant sur le respect du corps humain, d'une part, et sur le don et l'utilisation des éléments et produits du corps humain, l'assistance médicale à la procréation et le diagnostic prénatal, d'autre part. Les règlements et directives européens et les conventions internationales signées et ratifiées par la France complètent le dispositif juridique.

D'autres lois sont intervenues par la suite : la loi n° 2013-715 du 6 août 2013 relative à la bioéthique en autorisant sous certaines conditions la recherche sur l'embryon et les cellules souches embryonnaires et celle n° 2016-41 du 26 janvier 2016 de modernisation du système de santé, ainsi que les lois n° 2005-370 du 22 avril 2005 relative aux droits et à la fin de vie et n° 2016-87 du 2 février 2016 créant de nouveaux droits en faveur des malades et des personnes en fin de vie, sans oublier la loi n° 2002-303 du 4 mars 2002 relative aux droits des malades et à la qualité du système de santé. Ces différentes normes se trouvent intégrées principalement dans le Code civil, le Code de la santé publique et le Code de la sécurité sociale.

Les questions qui ne rentrent pas dans le périmètre établi par ces dispositions légales ne se trouvent pas soumises à la procédure que l'on vient de décrire. Ainsi, des problématiques telles que l'identité de genre, l'euthanasie, la robotique ou la condition animale échappent au dispositif, même si leur contenu est éminemment bioéthique. En ce sens, il serait plus juste de parler de « biodroit » pour faire référence au dispositif juridique en question et laisser le terme bioéthique aux sciences sociales et à la philosophie morale.

Sont ainsi soumises au « biodroit » les questions suivantes : le prélèvement et la greffe d'organes, de tissus et de cellules ; l'assistance médicale à la procréation ; le diagnostic pré-implantatoire ; la recherche sur l'embryon ; les neurosciences (imagerie cérébrale) ; l'accompagnement de fin de vie ; les examens génétiques et les données en matière de santé (algorithmes).

La procédure de la dernière révision a commencé en janvier 2018 avec la publication du rapport de l'Agence de la Biomédecine qui fait le point sur la mise en œuvre de la loi au regard de l'évolution de la science et des pratiques médicales. À la demande du Premier ministre, le Conseil d'État a présenté en juin 2018 une étude intitulée "Révision de la loi de bioéthique : quelles options pour demain ?" afin d'apporter un éclairage juridique sur les questions mises à l'ordre du jour de la prochaine révision. Notons que les juges du Palais Royal ont interpellé le gouvernement concernant le périmètre de la révision en soulignant : « On peut ainsi se demander si la question de la fin de vie a sa place dans une loi de bioéthique ou si elle ne devrait pas continuer à faire l'objet d'une réflexion spécifique avec un support législatif qui lui est propre ». De même, le Conseil d'État n'hésite pas à afficher une certaine forme de patriotisme bioéthique lorsqu'il affirme qu'« il se trouvera toujours un pays voisin pour autoriser telle ou telle pratique que la France interdit. Il est sans doute possible de surmonter les désordres créés par cette forme de concurrence entre systèmes juridiques par la promotion d'instruments de coopération internationale. Pour autant, les difficultés à œuvrer en ce sens ne sauraient à elles seules conduire notre pays à renoncer, dans l'édiction de ses normes, aux choix qui lui sont propres ».

Le CCNE a quant à lui construit son propre avis sur la révision de la loi et a présenté un rapport le 18 septembre 2018 dans lequel il se prononce pour l'ouverture de l'assistance médicale à la procréation pour les couples de femmes et les femmes seules et pour le maintien de l'interdiction de la GPA. Le 25 octobre 2018, l'OPECST a présenté à son tour un rapport sur l'évaluation de l'application de la loi. Au-delà de ladite évaluation, l'Office, en conformité avec la tradition anti-libérale de la bioéthique à la française, recommande de maintenir l'interdiction du libre accès aux tests génétiques pour l'ensemble de la population. Il s'est montré toutefois favorable à l'élargissement de la PMA aux couples de femmes et aux femmes seules avec une prise en charge par la sécurité sociale. Quelques mois plus tôt, en juin 2018 les États généraux de la bioéthique avaient rendu leur rapport de synthèse. Après son adoption en conseil des ministres, le projet de loi accompagné d'une étude d'impact a été déposé à l'Assemblée nationale le 24 juillet 2019 sous le numéro 2187.

Aucun autre domaine que celui du « biodroit » ne fait l'objet d'un tel traitement politique. À la lecture des différents rapports préparatoires et du débat parlementaire, ce qui saute aux yeux c'est le ton grave et la rhétorique pompeuse utilisés pour aborder les questions bioéthiques. Tout se passe comme si les experts, les représentants de l'État et les parlementaires s'adonnaient non pas à la régulation de la situation française, mais à celle de l'Humanité. Ainsi, le Conseil d'État dans son dernier rapport se pose la question, ô combien métaphysique, de l'indivisibilité du corps et de l'esprit. Ou encore les États généraux sur la bioéthique commencent leur rapport en se demandant « quel monde voulons-nous pour demain ?»

La bioéthique à la française se caractérise également par une certaine forme de chauvinisme exprimé clairement par le CCNE : « Nous devons continuer à nous poser la question du souhaitable en rapport au possible, et non pas poser le possible en maître avec l'argument que puisque cela se fait ailleurs, alors nous devons le faire ou nous finirons par le faire. »

Depuis 1988, la loi espagnole permet aux femmes d'accéder à la procréation médicalement assistée (*Ley 35/1988 sobre técnicas de reproduccion asistida*) ce qui explique l'exode de femmes françaises outre-Pyrénées.

Selon l'enquête menée par le journal catholique *La Croix*, au moins 2.400 femmes lesbiennes en couple ou célibataires se rendaient chaque année en Belgique et en Espagne pour recourir à une PMA. Le CCNE, dans son avis n°126 de 2017, faisait mention de « deux à trois mille femmes françaises » qui passeraient les frontières chaque année pour accéder aux techniques d'assistance médicale à la procréation. C'est effectivement cette question qui a été en partie réglée dans la dernière révision de la loi. Pour permettre l'élargissement de l'assistance médicale à la procréation aux couples de femmes et aux femmes seules, la loi a dans le même temps instauré la levée de l'anonymat des donneurs de gamètes permettant ainsi l'accès aux origines biologiques. La question des origines n'est pas tant un droit subjectif de l'individu qu'un mécanisme politique permettant de fonder anthropologiquement la parenté sur la base de la différence des sexes.

Outre la question de la « PMA pour toutes » et l'accès aux origines qui ont pratiquement éclipsé les autres thèmes, le projet de loi traite notamment de l'autoconservation des gamètes, de l'extension du don croisé d'organes à plus de deux paires de donneurs/receveurs pour améliorer l'accès à la greffe, de la régulation des effets des neurosciences, de l'encadrement de la recherche sur l'embryon et sur les souches embryonnaires, de l'allégement des conditions pour l'interruption de grossesse pour des raisons médicales et du double don de gamètes.

Le 15 octobre 2019, le projet de loi a été adopté en première lecture par l'Assemblée nationale : 359 députés ont voté pour, 114 contre et 72 se sont abstenus. Le Sénat à son tour a débattu du projet de loi et s'est prononcé le 3 février 2020 mettant en question l'édifice bâti par l'Assemblée nationale. Le 17 février 2021, la commission mixte paritaire a échoué à élaborer un texte de compromis, c'est donc à l'Assemblée nationale que revient le vote définitif en reprenant la version adoptée en deuxième lecture en 2020.

L'article 1 de la loi dispose : « Tout couple formé d'un homme et d'une femme ou de deux femmes ou toute femme non mariée ont accès à l'assistance médicale à la procréation. » En ouvrant cette technique aux couples de femmes et aux femmes seules, le texte modifie substantiellement l'esprit de la loi. Désormais, il ne s'agit plus d'un palliatif à la stérilité du couple hétérosexuel, mais d'un droit de la femme (en couple homosexuel ou seule) à concrétiser un projet parental à travers une PMA. Le prix à payer pour ce changement de paradigme c'est de passer par la levée de l'anonymat du donneur : l'accès aux origines crée l'illusion d'une filiation fondée sur le biologique même si aucun lien juridique n'existe entre le donneur et l'enfant issu d'une PMA. Nous sommes passés ainsi de l'anonymat imposé à la transparence obligatoire, deux attitudes qui correspondent bien à l'esprit anti-libéral de la loi. De même, la gratuité et la levée de l'anonymat pourraient sonner le glas de la PMA en raison de la pénurie de gamètes et de la peur de voir arriver un enfant qui viendrait frapper à la porte du géniteur.

Aussi, le gouvernement a complètement fermé le débat sur la régulation de la GPA. Il existe aujourd'hui un consensus anti GPA dans l'ensemble de la classe politique et ceci contrairement à une opinion publique majoritairement favorable (64% des personnes interrogées, selon un sondage IFOP pour le journal *La Croix* et le *Forum européen de bioéthique*, publié en janvier 2018, s'est déclaré en faveur d'une autorisation de la gestation pour autrui en France). L'acceptation sociale de la GPA correspond à une vague de fond : pour la première fois en 2018 selon le recensement de l'INSEE, le modèle traditionnel de la famille nucléaire hétérosexuelle avec ses enfants biologiques n'est plus majoritaire. De même, l'élargissement de la PMA aux couples de femmes s'inscrit dans la reconnaissance de nouvelles formes conjugales en particulier le mariage pour tous de 2013.

Si la PMA pour toutes constitue à n'en pas douter une véritable avancée, d'autres sont écartées de la loi comme :

- la transcription automatique des parents d'intention aux registres de l'état civil français des enfants nés d'une GPA à l'étranger ;
- l'application du droit commun de la présomption de parenté pour les couples de femmes mariées ;
- la parenté transgenre (plutôt que d'utiliser le terme « femmes » la loi aurait pu se référer aux « personnes en capacité de porter un enfant ») ;
- la PMA post-mortem : il est paradoxal de contraindre une femme dont l'époux est décédé à renoncer à tout projet de PMA avec les gamètes de ce dernier ou les embryons du couple, alors qu'elle sera autorisée à réaliser une PMA individuellement, avec tiers donneur ;
- la ROPA (réception d'ovule du partenaire) permettant aux deux femmes de participer corporellement à la conception de leur enfant ;
- la prise en charge ou la compensation par l'employeur de l'autoconservation des ovocytes de ses salariées ;
- l'accès libre aux tests ADN en dehors du cadre judiciaire ou médical ;
- le tri d'embryon permettant une meilleure implantation (aujourd'hui 60% d'échec à cause de l'interdiction de cette technique) ;
- l'interdiction des opérations d'assignation pour les nouveau-nés intersexes (véritables mutilations génitales) ;

- la possibilité de se faire rémunérer pour une greffe d'organes en dehors d'une situation de nécessité ;
- la propriété des données personnelles en matière de santé ;
- l'euthanasie (alors que 96% des Français se disent favorables).

Construit sur le modèle d'une expertise articulée et contrôlée par l'État, la loi bioéthique apparaît comme un révélateur de l'impossibilité de la culture politique française à faire confiance à l'individu qui apparaît rarement comme une source de créativité et d'indépendance, mais comme un être irresponsable, brutal et sans scrupule qui ne vise qu'à opprimer les autres et s'enrichir à leurs dépens. C'est pourquoi, la bioéthique n'est pas conçue pour informer, expliquer, clarifier les enjeux, mais plutôt pour proscrire, censurer et se substituer aux personnes concernées. C'est aussi pourquoi le dispositif bioéthique est destiné davantage à l'établissement des limites et des bornes plutôt qu'à l'élargissement du domaine des libertés offertes par la science, laquelle est présentée de surcroît comme étant à l'origine des nouvelles formes d'esclavage et d'aliénation. Malgré certaines avancées, le dispositif bioéthique français continue à être désincarné, essentiellement théorique, regardant de haut les personnes au lieu de les accompagner dans leurs doutes et de les aider à prendre une décision. Le soubassement du « biodroit » en France n'est pas tant la bioéthique que le biopouvoir, version moderne de la pastorale chrétienne, c'est-à-dire, d'un pouvoir qui ne s'exerce plus sur les âmes, mais sur le corps et la vie des individus, d'une politique qui fait de l'espèce humaine l'objet d'une stratégie générale de domination, comme l'a magistralement démontré Foucault.

L'espace ouvert par le débat bioéthique a été investi par des courants conservateurs, lesquels, au nom de la dignité humaine, en tant que devoir envers soi-même, au nom de la protection des plus vulnérables ou de la non-marchandisation du corps, ne font que réactualiser le vieux combat contre la modernité et plus particulièrement contre la liberté de disposer de soi qui est à l'origine du dispositif contemporain des droits de l'homme. Le corps humain devient ainsi un espace public à contrôler. L'État et ses experts se substituent aux choix vitaux des individus lorsqu'il prétend savoir mieux qu'eux-mêmes ce qui leur convient pour la réalisation de ces mêmes choix.

2. Qui peut disposer de mon genre, de ma dignité et de ma mort ?

À travers les débats contemporains sur l'euthanasie, la prostitution, la GPA ou bientôt le transhumanisme, se joue la question de la libre disposition du corps. Foucault a montré, dans *Surveiller et Punir,* comment « il y a eu, au cours de l'âge classique, toute une découverte du corps comme objet et cible de pouvoir. » Contrôler l'individu, pour l'État, c'était avant tout rendre son corps docile.

Le combat de la modernité a porté à la fois sur l'émancipation et l'appropriation du corps, à rebours d'une tradition chrétienne qui considérait l'homme comme « l'usufruitier » de sa propre chair. Il a fallu faire de l'individu le maître de lui-même, en affirmant comme Tocqueville que « chacun est le meilleur juge de ce qui ne regarde que lui seul. » Ce combat a été largement porté par les féministes, qui proclamèrent : « mon corps m'appartient. » Nos députés l'ont d'ailleurs reconnu en votant à la quasi-unanimité la résolution réaffirmant le droit constitutionnel fondamental à l'IVG dont l'exposé des motifs rappelait « les droits des femmes à disposer librement de leur corps. »

La libre disposition du corps en général n'est pas pour autant inscrite dans le marbre de la loi française. La Cour européenne des droits de l'homme a beau avoir reconnu, sur le fondement de l'article 8 de la convention, le droit à « l'autonomie personnelle », le Conseil d'État a beau avoir inscrit, dans sa jurisprudence Perruche, la dissociation du sujet et de son corps, le pouvoir politique reste lui frileux, invoquant les notions d'« indisponibilité de l'état des personnes» ou de « corps hors commerce » pour justifier les limites à la liberté de l'individu vis-à-vis de lui-même, de sa procréation, de son genre et de sa mort. Comme le montre l'adoption de la loi du 4 mars 2002 prohibant le préjudice de naître, invocable par l'enfant handicapé lui-même.

Il s'agit là, derrière le paravent de la « dignité humaine », d'un discours d'autorité qu'il faut dénoncer. Qui peut décider de ma dignité, de la conception que je m'en fais et des moyens que je mets en œuvre pour la réaliser mieux que moi-même ? À vouloir protéger l'individu contre lui-même, ne sommes-nous pas en train de créer une société de victimes au lieu d'encourager l'autonomisation, l'émancipation, le pouvoir d'agir des individus ?

C'est ainsi qu'une nouvelle forme de conservatisme antilibéral, de droite comme de gauche, définit et impose une certaine vision de l'Humanité. La loi de 2016 visant à la pénalisation des clients de prostitués illustre bien ce néo-paternalisme. Elle s'inscrit dans une logique abolitionniste assumée par le gouvernement socialiste de l'époque, opposant d'un côté un État décidé à imposer sa conception de la normalité sexuelle et de l'autre, des prostituées réclamant le droit de travailler dans de bonnes conditions, en définissant comme elles l'entendent leur rapport à leur corps et à leur sexualité. Selon une étude publiée par Nick Mai, professeur de sociologie à l'Université métropolitaine de Londres, 98% des travailleurs du sexe sont opposés à la pénalisation des clients. En France, le combat des prostituées, réunies au sein du Syndicat du travail sexuel (Strass), oppose légitimement des droits individuels à un ordre moral.

Cela ne signifie pas que l'État ne doive pas jouer un rôle pour s'assurer que le consentement des parties ne soit pas vicié et, en l'espèce, que soient durement réprimés l'exploitation et les trafics. Aussi, la mise en place d'un revenu universel, permettant à chacun de subvenir à ses besoins de base (sous la forme d'un impôt négatif), serait un élément cohérent pour assurer l'absence de contrainte économique : mes choix seront d'autant plus libres que je n'aurai plus à craindre pour ma survie quotidienne. Plutôt que de contraindre les corps et de diriger les comportements, la politique devrait donner une réalité à l'idéal d'autonomie individuelle qui était celui des révolutionnaires français.

Il faudrait donc inscrire la libre disposition de soi dans la Constitution comme un droit fondamental. De là découleraient toutes les libertés qui restent mal assurées en droit français : liberté procréative, liberté sexuelle, liberté religieuse, liberté d'expression, liberté vestimentaire… Une fois acquis ce principe, les grands débats de société se régleraient naturellement, sur une base assainie. On dissocierait enfin la loi qui règle les rapports d'individus autonomes et la morale qui réunit les groupes et les communautés.

3. La guerre et la confiscation des corps masculins

Depuis la nuit des temps, les hommes sont formatés psychologiquement pour donner leur vie à la patrie. Tel un sacrifice à *Arès*, des centaines de millions de jeunes hommes furent immolés sur l'hôtel de l'héroïsme. Le monde grec confondait citoyenneté et statut militaire. Pour les Romains, *Romulus* - fondateur mythique de leur Cité et incarnation du citoyen romain par excellence - était fils de *Mars*, dieu des combats.

Tout au long du Moyen Âge, la guerre fut dominée par la figure du chevalier et les valeurs masculines qui s'y rattachent. Les Croisades depuis l'an mille, tout comme la guerre de Cent Ans et les nombreux conflits dynastiques et de religion au sein de l'Europe constituèrent le scénario répété du sacrifice de millions d'hommes à la Nation. La Révolution, le Consulat, le Premier Empire, la Restauration, le Second Empire et toutes les Républiques baignèrent dans de nombreux conflits armés. Les siècles suivants ne furent pas moins dramatiques : quarante millions d'hommes ont donné leurs vies dans les guerres du XXe siècle. Le XXIe siècle sera tout aussi sanglant. Du Darfour à la Syrie, de l'Afghanistan à la Guinée, du Mali au Sahel, les guerres n'ont jamais cessé et avec elles la mobilisation systématique des jeunes hommes.

L'assignation à des rôles genrés est particulièrement frappante : les hommes sont « programmés » idéologiquement pour mourir sur le champ de bataille. Il s'agit d'un élément qui structure non seulement le stéréotype masculin, mais également la société tout entière au point qu'elle délègue « naturellement » aux hommes la violente tâche d'ôter la vie d'autrui et de donner la sienne pour la patrie. Ainsi, par adhésion, par sens du devoir, par patriotisme, par obéissance, par peur ou par résignation, des millions de jeunes ont endossé l'uniforme de soldat et sont partis au front en renonçant à tout : foyer, famille, études, travail, amis… Jean, Pierre, François, Alphonse, Marcel, Louis, Joseph, Raymond... L'absence de prénoms féminins sur les monuments aux morts de nos villages est frappante. Pourtant personne ne s'en étonne. Les vivants ont intégré le monopole masculin sur la mobilisation forcée, l'errance et la mort. À tel point que, lorsqu'il s'agit de la guerre, nous possédons une conviction restrictive quant à la nécessité du changement du système traditionnel des rapports de genre historiquement inégaux entre les femmes et les hommes.

Héritiers de siècles de conflits armés, les hommes ont été façonnés selon les besoins militaires et ont intégré l'idée sacrificielle de mourir pour la patrie. Certes les femmes aussi ont connu une mobilisation sans précédent depuis la Première Guerre mondiale et elles n'ont pas non plus été épargnées lors des massacres, des répressions, des génocides et autres atrocités associées à la guerre. Toutefois, le rôle des femmes est bien distinct de celui des hommes. Le modèle patriarcal, celui du père protecteur, du citoyen-soldat et du combattant héroïque imposait et impose encore aux garçons de développer une identité masculine tendant à accepter l'inacceptable : la confiscation des corps pour la guerre. Pour certains, cela peut sembler normal, car, après tout, la guerre est une affaire d'hommes. Pourtant, les femmes, elles, ne se sont pas privées de déclencher des conflits armés sanglants : de Jeanne d'Arc à Margaret Thatcher, de Marie Tudor à Golda Meir en passant par Brunehilde, Catherine II de Russie ou encore les militantes de l'IRA, telle Marion Coyle et d'Action directe comme Nathalie Ménigon, les femmes se révèlent aussi de puissants chefs de guerre[31].

Si, depuis la Seconde Guerre mondiale, les femmes peuvent s'exposer au feu de l'ennemi, c'est toujours dans le cadre d'un recrutement professionnel et volontaire. Toutefois, elles demeurent très minoritaires dans les

---

[31] C. Cardi et G. Pruvost. *Penser la violence des femmes.* La Découverte, 2012.

armées européennes[32] : 5% en Italie, 12% en Espagne et 15% en France et il a fallu une condamnation de la Cour de justice de l'Union européenne en 2000 pour que l'Allemagne autorise les femmes à participer aux combats armés en tant que professionnelles. Toutefois, l'obligation de service militaire n'est pas étendue aux femmes. En Europe, seule la Norvège dispose de la conscription féminine.

En matière militaire, les femmes ont obtenu progressivement les mêmes droits sans pour autant être soumises aux mêmes devoirs. Le cas de l'Ukraine en est une illustration. Le pays avait aboli le service militaire obligatoire en 2013 pour laisser place à une armée professionnelle. Cependant quelques mois plus tard, l'égalité des sexes est rompue avec le rétablissement de la conscription obligatoire pour faire face à la guerre du Donbass. La suite de la guerre d'Ukraine constitue un nouvel exemple de cette asymétrie de genre. Le jeudi 24 février 2022, le président Zelensky a décrété la mobilisation militaire générale afin de répondre à l'invasion russe démarrée plus tôt dans la journée : les hommes ukrainiens entre dix-huit et soixante ans ont depuis l'interdiction de quitter le pays. La loi martiale stipule que tous ceux soumis « à la conscription militaire et tous les réservistes » se trouvent dans l'obligation de prendre les armes. De même, le 21 septembre Poutine a annoncé la mobilisation forcée de trois cent mille réservistes (sur un potentiel de vingt-cinq millions mobilisables). Le service militaire est obligatoire aussi bien en Russie qu'en Ukraine pour tous les garçons dès l'âge de dix-huit ans. De même, face au risque d'une guerre avec la Chine, Taiwan vient d'annoncer que la

[32] I. Eulriet, *Women and the Military in Europe : Comparing Public Cultures*, London, Palgrave Macmillan, 2012.

durée du service militaire obligatoire pour tous les hommes nés après le 1er janvier 2005 va être portée à un an, contre quatre mois actuellement.

Cette réalité n'est nullement inédite : en 1914, pendant la Première Guerre mondiale et en 1939, pendant la Seconde, plusieurs pays européens, dont la France, avaient décrété la mobilisation générale en envoyant des centaines de milliers de jeunes au front. L'article 18 de la loi du 7 août 1913 sur le recrutement de l'armée précisait que « Tout Français reconnu propre au service militaire fait partie successivement : de l'armée active pendant trois ans ; de la réserve de l'armée active pendant onze ans ; de l'armée territoriale pendant sept ans ; de la réserve de l'armée territoriale pendant sept ans. »

Presque dix millions d'hommes ont perdu leur vie au cours de la Grande Guerre. La base de données « Morts pour la France » du Ministère français de la défense recense plus de 1,3 million de conscrits décédés pendant ce conflit. Il s'agissait pour la grande majorité de jeunes soldats d'infanterie. Durant la Seconde Guerre mondiale, presque 18 millions d'hommes sont morts sur le champ de bataille. Les conflits armés non seulement ont massacré des hommes jeunes, mais ont aussi fait diminuer drastiquement l'espérance de vie des survivants. Comme le montre le démographe François Héran, « en deux ans, de 1913 à 1915, l'espérance de vie recule seulement de 3% chez les femmes, passant de 53,5 ans à 51,7 ans, mais s'effondre de 46% chez les hommes : de 49,4 à 26,6 ans. »[33] Les guerres successives (Indochine, Corée, Vietnam, Algérie, Irak, Syrie, etc.) produisirent les mêmes résultats aussi bien en ce qui concerne la prééminence

---

[33] « Générations sacrifiées : le bilan démographique de la Grande Guerre », *Population & Sociétés* 2014/4 (N° 510), p. 1 à 4.

écrasante de victimes de sexe masculin que la diminution de l'espérance de vie des survivants à la sortie du conflit.

De plus, dans les années qui suivent la Première Guerre mondiale, la courbe des divorces augmente sensiblement et pour la première fois, les demandes de divorce sont plus nombreuses à être formulées par les hommes que par les femmes. Loin d'être expliqué par le seul argument de l'adultère féminin, ce phénomène peut aussi se comprendre par l'aigreur accumulée en quatre ans de guerre, la difficulté à reprendre la vie commune après une séparation prolongée, même entrecoupée de quelques permissions.

Netflix a récemment produit le film *A l'ouest, rien de nouveau*, inspiré du roman du même nom d'Erich Maria Remarque, dans lequel l'auteur décrit les abominations de la Première Guerre mondiale et la souffrance de ces garçons réduits en charpie par l'artillerie.

Plus tard, Boris Vian chantait :

« À tous les enfants
Qui sont partis le sac au dos
Par un brumeux matin d'avril
Je voudrais faire un monument
À tous les enfants
Qui ont pleuré le sac au dos
Les yeux baissés sur leurs chagrins
Je voudrais faire un monument… »

Jusqu'à l'invasion de l'Ukraine par la Russie, nous nous croyions installés dans la post-modernité de la guerre où la confrontation directe d'homme à homme semblait une chose du passé. Or, le retour à une forme de guerre « classique » met en évidence l'exposition perpétuelle des corps masculins à la mort. Une grande partie de ces corps ne proviennent pas de l'armée professionnelle, mais de civils recrutés de force. Cette absence de choix constitue la plus grande violence contre le sexe masculin et ceci depuis la nuit des temps. Malheureusement, une conception partiale de la « violence de genre » tend à l'éclipser. Paradoxalement, alors que la mobilisation forcée regarde uniquement les hommes, la majorité des travaux scientifiques relatifs à la guerre sous le prisme du genre concerne exclusivement les femmes[34].

Derrière les barbelés de Nuremberg, Guy Deschaume, rêvait de l'inversement des rôles de genre lorsqu'il écrit non sans ironie : « quand nous rentrerons, un jour, dans nos foyers, Mesdames, vous ne pourrez plus vous targuer d'imaginaires supériorités, sous lesquelles, naguère, vous nous écrasiez (…), nous avons essayé balayage, lavage de vaisselle, lessive, ravaudage, couture, cuisine, et la vérité m'oblige à confesser qu'en toutes ces activités, nous avons dépassé les plus optimistes prévisions : la cuisine, c'est par là que vous nous teniez. Mais les rôles vont être changés ! Nous pourrons désormais vous fournir des recettes qui vous seront précieuses pendant ces temps de restrictions. »[35]

Les hommes souhaitent parfois ne pas appartenir au genre masculin…

Le « genre » permet de désigner la construction sociale des différences entre les sexes et les actes de violence genrés, source de préjudices et des souffrances. Il serait alors temps de regarder la guerre par le biais du genre

[34] En indiquant comme mots clés « genre et guerre » ou « genre et conflits armés », dans les principales bases de données (Cairn, Brill, HAL…) on ne trouve aucun texte concernant la violence faite aux hommes. En revanche nombreux articles sont consacrés aux « femmes combattantes », à « la participation des femmes à la guerre », à « l'expérience vécue de la guerre par les femmes » aux « veuves de guerre » ou encore au « viol des femmes dans les conflits armés » …

[35] G. Deschaumes, *Derrière les barbelés de Nuremberg*, Flammarion, Paris, 1947, p. 175.

masculin afin de rendre compte de la plus brutale des dominations et de la plus cruelle des violences, celle consistant dans l'appropriation des corps masculins par l'État pendant les conflits armés.

CHAPITRE II

La liberté d'expression

1. Le blasphème, un droit sacré

Je suis de l'avis de Bernard Shaw, pour qui « toutes les grandes vérités sont d'abord des blasphèmes. » Le blasphème, aboli par la Révolution française, constitue un crime condamné par toutes les religions monothéistes : « Si un homme insulte son Dieu, il doit porter le poids de son péché ; ainsi celui qui blasphème le nom du Seigneur sera mis à mort », statue le Lévitique. Si nous voulons que la liberté d'expression soit non seulement comprise, mais aussi partagée par l'ensemble de la population, si nous croyons que son efficacité dépend d'une application équitable vis-à-vis de toutes les manifestations religieuses, nous aurions dû commencer, il y quelques années, par nous mobiliser lors de la censure de la marionnette du Pape Benoît XVI ou encore à l'occasion de l'interdiction d'une publicité considérée comme « contraire à la sensibilité chrétienne » par la justice française. Or à l'époque très peu de voix se sont élevées...

Rappelons la première affaire : un sketch diffusé le 20 avril 2005 sur Canal+, dans lequel la marionnette du Pape bénissait les fidèles *« au nom du Père, du Fils et du IIIe Reich. »* Devant les pressions de l'Église, la chaîne a préféré l'autocensure, demandant publiquement des excuses. Ce qui n'a pas empêché sa mise en demeure par le CSA. Dans la seconde affaire, le tribunal de grande instance de Paris a donné raison à l'association « Croyances et libertés » (instrument de l'épiscopat) en ordonnant l'interdiction d'affichage d'une publicité pour une marque de vêtements qui mettait en scène un groupe de femmes dans des poses sensuelles représentant *La Cène* de Léonard de Vinci. Le 8 avril 2005, la cour d'appel de Paris confirma cette décision contre l'avis du Parquet et en opposition à sa jurisprudence antérieure : « Acte d'intrusion agressive et gratuite dans le tréfonds intime des croyances (...) la légèreté de la scène fait par ailleurs disparaître tout le caractère tragique pourtant inhérent à l'événement inaugural de la Passion », voici les termes utilisés par les juges pour justifier la censure de la publicité en question. Depuis quelques années, l'Église catholique a compris qu'il fallait livrer combat sur le terrain judiciaire en utilisant le droit positif en matière de protection contre les discriminations et les injures. Manier ces normes anti-discriminatoires afin de restaurer le crime de blasphème constitue, de mon point de vue, une forme de censure à peine déguisée.

En effet, le dispositif de protection contre les discriminations fut créé pour protéger des personnes appartenant principalement à des groupes minoritaires contre les actes et les discours d'incitation à la haine desquels elles seraient victimes. Il s'agit bien de protéger des personnes, et non des systèmes métaphysiques. Ceux-ci sont des constructions culturelles, qui non seulement peuvent, mais doivent être soumises à la critique et même à la dérision.

La République s'est créée en grande partie contre la hiérarchie religieuse, et la loi du 9 décembre 1905 sur la séparation de l'Église et de l'État a confirmé la neutralité religieuse de la France. Dans l'espace public, par nature laïc, on doit pouvoir se référer à toutes les religions d'une manière complètement libre et désacralisée. Or, la forte mobilisation contre le risque de censure en Europe des caricatures de Mahomet - censure que je condamne aussi très fermement - et la faible réaction à la censure effective de la marionnette de Benoît XVI nous a mis dans la situation paradoxale d'une liberté d'expression à deux vitesses : une liberté sans limites vis-à-vis de la sensibilité musulmane, une autre très restrictive vis-à-vis de la sensibilité chrétienne.

Si nous voulons que notre mobilisation soit comprise non pas comme un manque de respect envers les musulmans, mais comme une véritable défense de la liberté d'opinion, nous devrions à l'avenir être aussi très vigilants contre les formes de censure qui prétendent « protéger » la religion traditionnelle de France.

Aussi, il semble nécessaire de renouer avec notre tradition critique et permettre de considérer la religion comme « l'aveuglement de l'humanité », « l'anémie de la volonté » et « l'opium des peuples. » Or, dans le contexte actuel, nous risquons de ne plus pouvoir citer Diderot, Nietzsche ou Marx. Critiquer un système idéologique fondé sur une métaphysique ou détourner l'iconographie qui lui sert de propagande est désormais susceptible de sanctions. En tant que délit contre la religion, le blasphème avait disparu avec la Révolution française.

La liberté d'opinion implique non seulement celle d'analyser et de critiquer les idées, mais aussi de les ridiculiser. Si les communistes, les astrologues et les musulmans méritent la plus haute protection en tant qu'individus, l'appareil idéologique qui sert de base à leurs croyances ne peut pas échapper à la critique, sous peine de compromettre la liberté d'expression. Dans la sphère privée, la religion peut être pour les uns une vérité absolue, pour les autres une superstition. Dans l'espace public, les deux discours méritent le même traitement juridique. Chacun peut avoir une opinion sur la religion et, dès lors que l'expression de tous est assurée, personne ne peut se prévaloir d'une représentation plus légitime, afin de faire taire la partie adverse. Nous pouvons être choqués par l'usage parfois abusif des publicités ou par le ton satirique des humoristes. Mais notre indignation doit rester dans le domaine de la morale individuelle, sous risque d'instaurer une police de l'opinion.

2. La liberté d'expression face aux nouveaux censeurs

L'éditeur parisien d'Agatha Christie a décidé que les traductions françaises de l'œuvre de l'écrivaine anglaise allaient faire l'objet d'un certain nombre de révisions pour éviter d'offenser la sensibilité des minorités ethniques et religieuses. Cette forme de censure de la papesse du roman policier s'inscrit dans une vaste entreprise de réécriture de termes jugés offensants afin de les mettre au goût moral des lecteurs contemporains.

Or, la Cour européenne des droits de l'homme rappelle, dans sa jurisprudence constante, que « la liberté d'expression vaut non seulement pour les informations ou idées accueillies avec faveur ou considérées comme inoffensives ou indifférentes, mais aussi pour celles qui heurtent, choquent ou inquiètent : ainsi le veulent le pluralisme, la tolérance et l'esprit d'ouverture sans lesquels, il n'est pas de société démocratique. » Ceci semble davantage pertinent lorsque la liberté d'expression se déploie dans le cadre de la création artistique[36]. En effet, le droit au respect de l'intégrité de l'œuvre originale, en tant qu'attribut du droit d'auteur, devrait empêcher toute modification sans l'accord de celui-ci.

---

[36] CEDH 24 mai 1988, *Muller c/Suisse, Rec.* série A, n° 133.

La tentation de vouloir adapter l'art à la morale dominante de l'époque n'est pas nouvelle. Les auteurs chrétiens du Moyen Âge lorsqu'ils commentaient le *corpus* des œuvres classiques grecques et latines s'exercèrent à la révision des prénoms et du sexe des personnages afin d'occulter la dimension homosexuelle de la relation. Alcibiade fut ainsi présenté comme « la compagne » de Socrate et les sonnets de Michel-Ange ont été féminisés pour déformer le sens originellement homosexuel du texte. Au nom de la sensibilité chrétienne, le Pape Paul IV exige de cacher le sexe de la fresque du *Jugement dernier* de la chapelle Sixtine. Quelques années plus tard, un autre Pape fera recouvrir d'une feuille de vigne en plâtre les sexes des statues romaines...

Lorsque la censure provenait de l'Église, elle était immédiatement dénoncée, avec raison, comme insupportable. Les films *La Religieuse* de Rivette, *Je vous salue Marie* de Godard ou la *Dernière tentation du Christ* de Scorsese, jugés blessants et impies, furent l'objet de violences et de tentatives de censure de la part de la droite conservatrice en se réclamant du « respect des croyances. »

Depuis quelques années, la censure a cessé d'être le monopole du camp conservateur. Ce sont désormais des supposés progressistes qui font l'éloge de l'*Index* pour purifier les œuvres des mauvais penchants racistes, sexistes ou islamophobes... Cette forme de paternalisme présuppose que le lecteur se trouve dépourvu de tout regard critique le rendant incapable de contextualiser une référence jugée aujourd'hui insultante.

Seules l'injure, la diffamation ou l'incitation à la haine constituent des limites à la liberté d'expression. L'offense à une quelconque sensibilité relève de la morale et non du droit. C'est pourquoi les nouvelles formes de censure et d'autocensure agissent en dehors des tribunaux. Nul besoin d'une plainte pour que les éditeurs s'adonnent à la révision des œuvres.

Monique Canto-Sperber souligne qu'il faut soustraire l'aspect moral de la liberté d'expression afin de la « sauver d'un jeu réel de tir à la corde » : d'un côté, des interlocuteurs instrumentalisent la liberté d'expression pour justifier leurs discours offensants, voire haineux ou racistes, et de l'autre, de « prétendus justiciers » tentent de faire taire par l'intimidation (et parfois par la violence) ceux dont les idées dérangent[37].

Adapter les œuvres en fonction de la sensibilité contemporaine, changer des mots ou réécrire des classiques considérés comme porteurs des valeurs opposées aux nôtres (Gide serait pédophile, Shakespeare antisémite, Cervantès islamophobe, Flaubert sexiste…) n'est autre qu'une entreprise généralisée d'infantilisation des esprits consistant à protéger le lecteur du texte qui pourrait éventuellement l'offenser. Partant, il faut non seulement réécrire la littérature, mais aussi l'histoire (*tabula rasa*) et ceci afin de ne pas blesser la sensibilité des victimes et surtout celle d'une élite « éveillée. »

L'abrogation du délit de blasphème au XVIIIe siècle n'a pas aggravé les rapports entre catholiques et anticléricaux : les libertés de conscience et d'expression sont progressivement devenues des principes permettant d'organiser leur coexistence. Hélas, je ne suis pas certain que de nos jours ces libertés puissent continuer à assurer un consensus social puisque désormais les gardiens autoproclamés de la morale contemporaine parlent et agissent au nom des opprimés.

---

[37] M. Canto-Sperber, *Sauver la liberté d'expression*, Paris, Éditions Albin Michel, 2021.

3. Contre le paternalisme, la liberté d'offenser et le droit de choquer

Vargas Llosa a raison d'affirmer que le coronavirus *« ravit les ennemis de la liberté »* y compris dans nos vieilles démocraties. La loi dite Avia s'inscrit effectivement dans la longue liste d'atteintes aux libertés fondamentales auxquelles nous assistons impuissants. Il suffit de lire l'Observatoire des Libertés confinées mis en place par le *think tank Génération Libre* dans lequel on recense au moins 43 restrictions apportées aux libertés et droits fondamentaux pendant l'épidémie de Covid-19. Des libertés publiques aux libertés économiques, de l'État d'urgence sanitaire à la mise en place du traçage numérique, la réponse à la crise sanitaire passe par la restriction des libertés. Mais, le virus n'est que le révélateur d'une tendance politique paternaliste qui ne doit rien au marché de Wuhan.

En effet, répondant à l'émotion et à la pression médiatique, le président Macron a mis en place, en 2018, une Mission pour lutter contre la haine, le racisme et l'antisémitisme sur internet qui, dans un premier temps, a donné lieu à un rapport et, plus tard, à la loi « contre le contenu haineux sur Internet » du 24 juin 2020 portée par la députée LREM Laetitia Avia.

Aussi bien le rapport que la proposition de loi avaient fait l'objet de vives critiques de la part de la Commission consultative des droits de l'homme, du Conseil national du numérique, de l'Ordre des avocats, du Rapporteur spécial de l'ONU, de la Ligue des droits de l'homme, du Syndicat des avocats de France, du Syndicat de la magistrature et de la Commission européenne.

Un certain nombre d'associations LGBTI comme l'Inter-LGBT ou AIDES ont manifesté leur inquiétude quant à l'utilisation du dispositif par des groupes ultraconservateurs contre le mariage pour tous et l'homoparentalité notamment, ou afin de censurer des campagnes de prévention contre le VIH considérées « pornographiques ».

De même, *Parapluie Rouge*, un collectif pour la santé et les droits des travailleurs du sexe a dénoncé le puritanisme de la proposition de loi qui aurait pour conséquence de « faire disparaître les travailleuses du sexe des réseaux sociaux qu'elles utilisent pour construire leurs communications. »

Pour mieux appréhender la gravité de la situation, il faut situer la proposition de loi dans le contexte des nombreuses mesures pour limiter le droit de la presse à commencer par la loi de 2018 sur les *fake news* et le rapport Hoog proposant la création d'une instance d'autodiscipline des journalistes.

À la crise sanitaire, la proposition de loi risquait d'ajouter une crise démocratique, évitée *in extremis* par le Conseil constitutionnel qui a considéré que « le Législateur a porté à la liberté d'expression et de communication une atteinte qui n'est pas adaptée, nécessaire et proportionnée au but poursuivi. »

En ces temps chahutés par la démagogie et l'immédiateté, le Conseil constitutionnel nous rappelle l'importance d'un des principes fondateurs de la société démocratique : la liberté d'expression consacrée dans l'article 11 de la Déclaration des droits de l'homme et du citoyen de 1789, la Déclaration universelle des droits de l'homme de 1948 et l'ensemble des Constitutions occidentales. Manifestation de la liberté de la pensée, la liberté d'expression est également consacrée par l'article 10 de la Convention européenne des droits de l'homme.

Dans le célèbre arrêt *Handyside c./Royaume-Uni,* les juges de Strasbourg, en interprétant cet article, affirment que la liberté d'expression « vaut non seulement pour les informations ou idées accueillies avec faveur ou considérées comme inoffensives ou indifférentes, mais aussi pour celles qui heurtent, choquent ou inquiètent l'État ou une fraction quelconque de la population. »

Pavé de bonnes intentions, le chemin qui mène à la proposition de loi mettait en question le principe selon lequel l'État n'a pas d'opinion - et doit par conséquent les tolérer toutes - prétendant intervenir dans le contenu même des communications !

Bien évidemment, comme toute liberté, la liberté d'expression n'est pas absolue : la diffamation, l'injure, l'incitation à la haine, l'apologie du terrorisme et la diffusion d'images pédopornographiques constituent des délits sanctionnés sévèrement par la loi pénale.

Les réseaux sociaux n'ont pas créé de nouvelles infractions, mais ils les facilitent. L'anonymat favorise les risques d'abus, la virulence et la violence. C'est justement à cela qu'il aurait fallu s'attaquer. En revanche, le pouvoir de censure donné aux opérateurs de plateformes en ligne et la police de la liberté d'expression déléguée à l'Administration sans aucun contrôle judiciaire constituaient à ne pas en douter, comme l'affirme le Conseil constitutionnel, de véritables attaques à la liberté d'expression.

Jusqu'alors dans la recherche d'un équilibre entre liberté d'expression et offenses, la loi établissait un dispositif répressif (contrôle *a posteriori* de l'infraction) et non pas préventif comme le fait la loi par un contrôle *a priori* autrement dit, une censure de la parole.

Il est certes compliqué de vivre avec la liberté de parole, elle peut effectivement faire du tort, mais, comme le souligne John Durham Peters, il s'agit d'un « mal nécessaire » qu'on doit s'infliger en vue d'un plus grand bien. Puisque l'histoire de la liberté d'expression procède, pour ainsi dire, à travers des nuisances que l'on devrait tolérer, je ne vois pas comment il pourrait en être autrement. Il a bien fallu que certains blessent le sentiment des chrétiens et des musulmans tels Diderot, Nietzsche, Marx ou Rushdie pour faire avancer la liberté d'expression.

Sans outrage, sans provocation, sans subversion il n'y a pas de liberté d'expression. Rendre celle-ci inoffensive c'est tout simplement la faire disparaître. Comme l'a si bien démontré feu mon ami Ruwen Ogien, la démocratie est une discipline qui commence par le difficile exercice de supporter la parole d'autrui.

CHAPITRE III

La libre disposition du genre

1. Le genre neutre à l'état civil

Dans une décision du 4 mai 2017, la Cour de cassation s'était opposée à la demande de rectification de l'acte de naissance d'une personne intersexuée, afin que soit substituée, à l'indication « sexe masculin », celle de « sexe neutre » ou, à défaut, « intersexe. » La haute juridiction a considéré que l'indication obligatoire du sexe - féminin ou masculin - dans les actes de l'état civil « est nécessaire à l'organisation sociale et juridique, dont elle constitue un élément fondateur » et que « la reconnaissance par le juge d'un "sexe neutre" aurait des répercussions profondes sur les règles du droit français construites à partir de la binarité des sexes. »

Cette conception du genre, véhiculée par la Cour de cassation, correspond à une vision résiduelle du sexe (aussi bien juridiquement que socialement) en tant qu'attribut des personnes. En effet, les organisations internationales (ONU, Conseil de l'Europe, Parlement européen…), la jurisprudence européenne (CEDH, CJUE), les juges français des premières instances et certaines institutions comme la Commission internationale de l'état civil, le Défenseur des droits ou la CNCDH considèrent le sexe comme une composante de la vie privée, une identité intime et non pas un élément immuable d'ordre public. De même, les principaux intéressés, dans le manifeste du 3e Forum International Intersexe du 1er décembre 2013, ont demandé que « tous les adultes et mineurs capables puissent choisir entre femme (F) et homme (M), non binaire ou plusieurs options. »

De surcroît, la binarité sexuelle, considérée comme nécessaire par la Cour de cassation, a été dépassée par certains de nos pays voisins. L'Allemagne délivre des certificats de naissance sans mention du sexe depuis 2013. De même, aux Pays-Bas, si le sexe de l'enfant est incertain, l'acte de naissance peut indiquer cette indétermination en laissant à l'individu la possibilité de faire changer cette mention et se faire assigner plus tard un sexe à l'état civil. Le droit maltais permet, depuis 2015, de retarder l'enregistrement jusqu'à ce que le sexe de la personne soit déterminé. Au Portugal, lors de l'inscription d'un enfant intersexué, l'administration propose de choisir un prénom mixte afin de faciliter les démarches ultérieures. Par ailleurs, en 2014, la Haute Cour d'Australie a admis l'inscription sur les registres de l'état civil de la mention « sexe non spécifié. » En Inde, à côté de la catégorie « masculin » ou « féminin », les formulaires proposent la mention « autre. » En Afrique du Sud et en Nouvelle-Zélande, l'annotation « X » (autre sexe) peut être indiquée dans le passeport. Et l'Inde, la Malaisie, le Népal, ou encore la Thaïlande permettent la mention « sexe neutre » ou « indéterminé. »

L'évolution de la jurisprudence européenne met en évidence le progressif abandon de la notion d'ordre public (c'est-à-dire d'indisponibilité de l'état des personnes) en faveur de celle de « vie privée », pour protéger les personnes transsexuelles. On peut voir dans cette évolution, la construction d'un droit à l'autodétermination applicable aussi bien à l'identité de genre qu'à l'intersexuation.

Personne ne songe, de nos jours, à inscrire dans les pièces d'identité la religion, la race, la classe sociale ou l'affiliation politique des personnes. En revanche, l'assignation obligatoire à l'un ou l'autre sexe semble constituer une nécessité juridique majeure puisqu'elle refléterait une vérité naturelle. Or, les réalités de l'intersexualité et de la transsexualité démontrent le contraire. Si, sur le plan juridique, le genre appartient à la catégorie d'identité dynamique plus proche de la religion, de l'appartenance politique, de la profession ou des goûts vestimentaires, pourquoi le maintenir dans les documents d'identité ? J'ai été le premier juriste en France à demander l'abandon de la catégorie « sexe » comme identité imposée par l'État[38]. Les associations intersexe souhaitent, elles aussi, que les catégories de sexe ou de genre soient supprimées des certificats de naissance ou des pièces d'identité.

Concernant la place du sexe dans l'état civil, nous sommes dans une situation de crise dans le sens gramscien du terme, c'est-à-dire quand « le vieux monde se meurt et le nouveau monde tarde à apparaître » ou, pour reprendre les analyses de Kuhn sur les révolutions scientifiques, quand nous nous trouvons face à un changement de paradigme qui fait coexister au moins deux représentations scientifiques dont l'une est ancienne et l'autre nouvelle. Les deux systèmes (ou manières de voir) coexistent pendant un certain temps, comme pour l'ensemble des concepts dont on se sert pour comprendre et expliquer des croyances. Le vieux et le résiduel, c'est de considérer le sexe comme une donnée objective qui s'impose aux

[38] D. Borrillo, « Le sexe et le droit : de la logique binaire des genres et la matrice hétérosexuelle de la loi », *Jurisprudence Revue critique* 2011, p. 263, spéc. p. 273-274.

individus (y compris parfois brutalement comme dans le cas des traitements chirurgicaux et hormonaux pratiqués sur les bébés intersexués). Le nouveau consiste à traiter juridiquement le genre comme une identité personnelle et intime relevant de la subjectivité et de la liberté individuelles. L'indisponibilité de l'état des personnes apparaît donc comme résiduelle. Le modèle émergent pour penser juridiquement le genre est celui de l'autodétermination, c'est-à-dire le droit de l'individu de disposer de lui-même, comme le propose, entre autres, la résolution n° 2048 (2015) du Conseil de l'Europe lorsqu'elle invite à « instaurer des procédures rapides, transparentes et accessibles, fondées sur l'autodétermination, qui permettent aux personnes transgenres de changer de nom et de sexe sur les certificats de naissance, les cartes d'identité, les passeports, les diplômes et autres documents similaires. »

2. Le droit à l'épreuve de la non-binarité

L'efficacité du principe d'égalité nécessite souvent l'affirmation des droits spécifiques et des mesures correctives surtout depuis la mise en place des directives européennes en la matière. L'égalité est ainsi passée de sa dimension formelle à sa dimension matérielle, plus tard, elle est devenue l'assurance de l'accès à la représentation politique et institutionnelle : la parité[39].

Pendant longtemps, la tradition universaliste du droit français faisait obstacle à la concrétisation de l'égalité matérielle. Olympes de Gouges soulignait que la neutralisation du sujet politique constitue la forme la plus insidieuse d'assujettissement, car elle empêche de penser la différence des sexes comme une discrimination.

---

[39] R. Sénac, *La Parité*, PUF, « Que sais-je ? », Paris, 2008.

L'entreprise de déconstruction menée par la philosophe commença par l'écriture d'une pièce de théâtre : *la nécessité du divorce* (1790), tellement elle avait conscience que c'était par le divorce que les femmes pouvaient accéder à l'égalité. Sa *Déclaration des droits de la femme* de septembre 1791 constitue le passage de l'égalité domestique à l'égalité politique. Condorcet se révoltait également de la condition des femmes au XVIIIe siècle : « Qu'on me montre entre les hommes et les femmes une différence naturelle, qui puisse légitimement fonder l'exclusion du droit. »[40]

Il a toutefois fallu attendre 1944 pour que les femmes puissent être électrices et éligibles en France. Et ce n'est que dans les années 1970, avec l'émergence du mouvement des femmes, que la question du genre produira des effets dans tous les domaines sociaux y compris dans celui du droit. Si l'exclusion des femmes de la *Cité* se fondait sur les différences « naturelles » entre les sexes, l'intégration des femmes devait nécessairement passer par l'idée relative à la commune humanité des deux sexes. Déjà Platon dans *La République*, en refusant une spécificité aux rôles parentaux, considérait la différence des sexes aussi arbitraire que celle entre chauves et chevelus. Plus tard, dans le *Ménon*, Platon met en scène Socrate qui ironise sur les prétendues vertus propres à chaque sexe, puisque les vertus procèdent de l'âme et que l'âme n'a pas de sexe. Cependant, dans la réalité des faits, ce ne furent que les hommes qui gouvernèrent la *Polis*.

Dans *Le droit et les paradoxes de l'universalité*, Danièle Lochak met en lumière les tensions et les

---

[40] Condorcet, *Sur l'admission des femmes au droit de cité*, (1790). Tiré des Œuvres de Condorcet publiées par A. Condorcet O'Connor et F. Arago, Tome X. Paris, Firmin Didot Frères, 1847.

exigences contradictoires du postulat de l'unité du genre humain et ses implications juridiques[41].

Dans une perspective historique, cette unité supposée universelle, fut en réalité construite sur la base de la neutralité (naturalisation) du genre masculin. En droit international, c'est la préservation de cette idée d'universalité qui prime. Isabelle Duplessis note que « les premiers instruments juridiques protégeant les droits de la personne font peu de différenciation quant au sexe des individus. Les femmes désiraient être reconnues d'abord et avant tout comme des sujets de droit, de la même façon que les hommes, et non comme des êtres vulnérables exigeant une protection spécifique. Une terminologie neutre, entendre masculine, sera initialement privilégiée. »[42]

Une première tentative pour résoudre ce paradoxe ce fut l'inscription de la mention « femme » dans une convention internationale à portée générale : la *Charte des Nations Unies* conclue à San Francisco le 26 juin 1945 dont le Préambule proclame la « foi dans les droits fondamentaux de l'homme, dans la dignité et la valeur de la personne humaine, dans l'égalité de droits des hommes et des femmes ». Si l'OIT s'était saisie de la condition des femmes entre les deux guerres, l'universalité du traitement antidiscriminatoire était limitée au domaine du travail et de l'emploi. Il s'agissait de protéger les droits de la travailleuse et non pas ceux de la femme.

Notons que c'est au niveau international que la catégorie « femme », dans le sens juridique actuel, arrive au droit national. Le mouvement féministe, à travers la

---

[41] D. Lochak, *Le droit et les paradoxes de l'universalité*, PUF, « Les voies du droit », Paris, 2010.

[42] I. Duplessis, « Les droits des femmes et les Nations Unies : d'hier à aujourd'hui », *Revue Québécoise de droit international*, Numéro hors-série, décembre 2021, p. 183–198.

figure politique d'Eleanor Roosevelt, réussit à imposer un traitement spécifique de la question de femmes au sein de Nations Unies, soulevant la problématique de la rupture de l'universalité abstraite. Malgré les nombreuses critiques et controverses, la Commission de la condition de la femme fut créée au sein d'un organisme universel de l'ONU : le Conseil économique et social (ECOSOC). Ce passage par la spécificité de la condition internationale de la femme a permis l'élaboration d'une Convention dont l'objet n'était pas tant la protection du statut de la femme *in abstracto* que l'élimination de toutes les discriminations à l'égard des femmes *in concreto* : *Convention on the Elimination of All Forms of Discrimination against Women* (CEDAW), adoptée par l'Assemblée générale de l'ONU en 1979. La prise en compte des besoins spécifiques de la moitié de l'humanité constitue une manière universaliste de résoudre le paradoxe pointé par D. Lochak. En effet, l'utilisation du pluriel « femmes », contrairement à la Convention de San Francisco, permit à la CEDAW de mettre en place des mesures correctrices sans passer par l'élaboration d'un collectif féminin. Mais traiter équitablement les femmes ne signifie pas, pour plusieurs États, de les reconnaitre comme les égales des hommes - je pense en particulier aux pays membres de la OCI (Organisation de la Coopération Islamique).

C'est à partir des nouvelles spécificités que le droit international a pu surmonter ce paradoxe en intégrant notamment les violences sexuelles et le viol dans la définition du crime de guerre et des crimes contre l'Humanité. Ainsi, l'article 27 de la Convention de Genève de 1977 et l'article 76 du Protocole I, exclusivement centrés sur les femmes, ne protégeaient pas les hommes contre les violences sexuelles de guerre.

Françoise Gaspard note que « les instruments mis en place et les traités qui ont été adoptés ont parfois été dénoncés comme de nature à rompre avec l'universalisme. Cette critique serait opérante si les textes traitant des droits de l'homme et leurs organes conventionnels avaient, à eux seuls, permis de condamner les discriminations dont les femmes ont été et demeurent les victimes dans de nombreuses régions du monde. »[43]

Le droit international constitue un exemple de compromis avec l'idéal abstrait d'universalisme tout en préservant la dimension concrète d'une règle applicable à tous indépendamment du genre. Sur le plan national, pendant longtemps, la spécificité des droits de la femme se trouvait justifiée par la grossesse et l'accouchement, événements réservés à la condition féminine. Désormais, les femmes transsexuelles peuvent également en bénéficier.

Depuis l'adoption de la loi n° 2016-1547 du 18 novembre 2016, les traitements médicaux, l'opération chirurgicale ou la stérilisation ne sont plus nécessaire pour changer de sexe à l'état civil. L'article 61-6 du Code civil précise en effet que « le fait de ne pas avoir subi des traitements médicaux, une opération chirurgicale ou une stérilisation ne peut motiver le refus de faire droit à la demande [de modification de la mention relative à son sexe dans les actes de l'état civil]. » Dorénavant, deux femmes ou deux hommes peuvent donner naissance à un enfant sans avoir recours à une technologie reproductive puisque le Législateur a affranchi les personnes transgenres de toute exigence médicale. Une affaire récente illustre bien la situation : Claire, l'épouse transsexuelle (*M-to-F*) d'un couple initialement hétérosexuel ayant déjà donné naissance à plusieurs enfants, a changé de sexe tout en conservant son appareil

---

[43] F. Gaspard, « Les « droits de la femme » : construction d'un enjeu en relations internationales », *Revue internationale et stratégique*, vol. 47, no. 3, 2002, pp. 46-52.

reproductif masculin. Un nouvel enfant est né du couple, après le changement d'état civil de Claire, devenue femme. Suite au refus de l'officier de l'état civil de transcrire sur l'acte de naissance de l'enfant la reconnaissance de maternité souscrite par Claire, le couple a saisi la justice. Par arrêt du 14 novembre 2018, la cour d'appel de Montpellier a ordonné la mention de celle-ci sur l'acte de naissance de l'enfant comme « parent biologique. »

Le 16 septembre 2020, la Cour de cassation a jugé que la loi française ne permet pas de désigner, dans les actes de l'état civil, le père ou la mère de l'enfant comme « parent biologique » et que le droit au respect de la vie privée et familiale n'impose pas une telle mention. Elle a renvoyé l'affaire devant la cour d'appel de Toulouse laquelle reconnaît (contre la cassation) le droit pour une personne transgenre homme devenue femme, qui a conçu un enfant avec son appareil reproductif masculin, d'être désignée comme mère dans l'acte de naissance de l'enfant. Une double filiation maternelle biologique est ainsi possible dont l'une est « non gestatrice. »[44] Cet arrêt a été confirmé dans ces termes : « la cour d'appel de Toulouse (…) établit judiciairement la filiation maternelle entre C.V. et M.E.D. et dit que cette filiation sera transcrite sur l'acte de naissance de M.E.D. »[45]

Selon les règles de la filiation, la mère gestatrice est celle qui accouche. C'est pourquoi un homme transgenre *F-to-M* de nationalité étasunienne, Trystan Reese, est devenu mère en 2017. Comme en France, la loi américaine n'oblige pas l'individu à se soumettre à une modification physiologique pour changer son sexe juridique à l'état civil. Monsieur Reese a ainsi pu conserver son utérus. La

[44] CA Toulouse, 6e ch. 9 février 2022 n° 20/03128.
[45] CEDH, *C.V. c. France et M.E.D. c. France,* 26 juillet 2022.

situation n'est pas nouvelle, en février 2012, une affaire analogue avait déjà défrayé la chronique outre-Manche. Un homme transgenre, en conservant ses capacités procréatives, peut donc légalement devenir la mère de l'enfant et bénéficier ainsi de l'ensemble des droits qui découlent de l'accouchement (accompagnement par un professionnel de santé pendant la grossesse, droit aux examens médicaux comme le diagnostic prénatal, suivi post-partum, congé maternité, protection contre le licenciement, droit à l'allaitement, etc.).

Suivant le raisonnement de la cour d'appel de Toulouse, confirmée par la CEDH, un transsexuel *F-to-M* pourrait également demander à paraitre dans l'acte de naissance, non pas comme mère, mais comme père de l'enfant. Un homme peut désormais accoucher sous « X », devenir mère porteuse dans les pays qui autorisent cette technique et même pratiquer une IVG. Pas de spécificité donc fondée sur la nature ni sur la vulnérabilité puisque même des infractions comme le viol ou les violences domestiques pensées à l'origine comme genrées, sont dorénavant neutres[46].

L'articulation des droits des femmes et des droits des non-binaires pourrait passer dans un premier temps par la reconnaissance d'un espace commun, l'*universus*, du latin tourner vers l'un : *uni versus*. Cette idée n'est nullement nouvelle, Saint Paul l'avait déjà évoquée lorsqu'il affirma dans sa lettre aux Galates : « Il n'y a plus ni Juif ni Grec ; il n'y a plus ni esclave ni homme libre ; il n'y a plus l'homme et la femme ; car tous vous n'êtes qu'un en

---

[46] C. Bordet, « La violence sexuelle n'a pas de genre », *Mémoires* 2019/2 n° 75, p. 14 à 15

Jésus-Christ. » Certains auteurs considèrent cette référence comme le point de départ d'une théologie féministe.[47]

Si l'efficacité des droits des femmes a dû nécessairement passer par une certaine rupture avec la neutralité du masculin et de son prétendu universalisme, le droit des non-binaires pourrait puiser ses racines dans un retour (*versus*) à une autre forme d'universalisme plus radicale (dans le sens étymologique du terme : *radix*, racine), c'est-à-dire se tourner vers la notion universelle d'individu (*uni*).

Le droit des femmes s'est construit philosophiquement sur l'idée selon laquelle la différence des sexes était avant tout une donnée biologique ou naturelle. Juridiquement, l'humain est encore constitué de deux corps stables définis biologiquement par deux grammaires distinctes, XY et XX. Dans l'ordre binaire des sexes, les individus sont nécessairement distribués en deux groupes : mâles ou femelles. Alors que la personne morale apparaît comme une entité asexuée, l'individu - personne physique - est, dans l'état actuel du droit positif, nécessairement genré. En effet, la Cour de cassation a considéré que « la dualité des énonciations relatives au sexe dans les actes de l'état civil poursuit un but légitime en ce qu'elle est nécessaire à l'organisation sociale et juridique, dont elle constitue un élément fondateur ; que la reconnaissance par le juge d'un "sexe neutre" aurait des répercussions profondes sur les règles du droit français construites à partir de la binarité des sexes et impliquerait de nombreuses modifications législatives de coordination. »[48] Toutefois, la « question hermaphrodite » d'abord, et la « question transsexuelle »

---

[47] E. Schüssler-Fiorenza, *En Mémoire d'elle. Essai de reconstruction des origines chrétiennes selon la théologie féministe*, Paris, Le Cerf, « Cogitatio Fidei » 136, 1986, p. 302.

[48] Civ. 1re, 4 mai 2017, nº 16-17.189. *Dalloz actualité*, 5 mai 2017, obs. T. Coustet.

plus tard, sont venues troubler cet ordre juridique des sexes. Dans l'affaire *B. c./France* du 25 mars 1992, la CEDH considère que la non-reconnaissance d'une nouvelle identité sexuelle d'une personne transsexuelle constitue une violation à son droit fondamental à la vie privée. En consacrant l'identité sexuelle comme un droit de la personne, la CEDH ouvrira une brèche dans l'ordre juridique fondé sur une conception binaire du genre. Désormais, celui-ci abandonne l'objectivité de l'ordre public pour s'installer dans la subjectivité de la *privacy.* Le sexe cesse d'être une donnée uniquement objective pour devenir, en droit, une composante de l'identité de la personne, une sorte de conscience de soi sexuée qui se distingue de la notion de sexe biologique. Pendant longtemps, le droit français déléguait à l'autorité médicale le pouvoir d'identification des personnes transsexuelles. La réforme de 2016 a mis fin à cette justification clinique permettant de fonder le droit de changer de sexe sur l'autonomie individuelle.

La *gender self-determination* apparaît de nos jours comme le standard permettant de définir la réalité juridique du genre comme l'ont consacré la loi argentine de 2012, celle du Danemark de 2014 et celle de Malte de 2015 pour ne citer que les pionnières. Comme le note A. Jaunait, « l'identité de genre n'est plus ici une vérité objectivable par le savoir médical – celui du sexe biologique et/ou psychique – mais une forme de subjectivité individuelle ne passant par aucune médiation et qui ne peut être que reconnue. »[49] Certes, la catégorie « identité de genre » apparaît comme une notion juridiquement distincte de celle de « sexe », mais cette dernière se trouve désormais profondément modifiée,

[49] A. Jaunait, « Genèses du droit de l'identité de genre. Approche des configurations sociojuridiques », *Droit et société*, vol. 105, n°. 2, 2020, pp. 429-451.

puisqu'elle n'est point indisponible comme c'était le cas dans « l'ancien régime du genre » de la Cour de cassation avant la condamnation de la CEDH.

Par ailleurs, les polémiques relatives à la place des femmes transsexuelles dans le mouvement féministe, portées sur la scène publique par le TERF (*Trans-exclusionary radical feminist*) mettent en évidence le conflit entre la vision résiduelle du genre, fondée sur l'objectivité biologique et la conception émergente, basée sur l'autodétermination. L'ex-*femen* Marguerite Stern, défenseure de la vision résiduelle du genre, propose un retour à une conception objective du féminisme en déclarant : « Nous sommes des femmes parce que nous avons des vulves. C'est un fait biologique. » Elle a été soutenue par la sénatrice et ancienne ministre Laurence Rossignol lorsqu'elle affirma que « le changement de logiciel pour réexaminer le féminisme à travers la transsexualité n'aboutit qu'à invisibiliser les femmes. »

Ce retour à une vision essentialiste du genre rend particulièrement difficile l'articulation entre droits des femmes et droits des non-binaires. En effet, la non binarité apparait comme une réalité sociale des personnes qui ne souhaitent pas s'inscrire dans la norme « masculin/féminin ».

Les travaux sociologiques ont mis en lumière la variété et la complexité de la non-binarité. Les personnes *agenres* sont celles qui ne se sentent appartenir à aucun genre, ni homme, ni femme, ni trans. Les *cisgenre* sont celles qui sont en accord avec le sexe assigné à la naissance. Il y a aussi les *fluides* dont l'identification de genre ou de sexualité est changeante ou non catégorisable. En ce sens, Facebook propose à ces usagers cinquante-deux options comme identification de genre parmi lesquelles : *Androgyne*, *Bigender*, *Trigender*, *Cis/Cisgender*, *Male/Cis*, *Female/Cis*, *Woman/Cisgender*

Female/Cisgender, *FTM:* abréviation pour *Female to Male*, *MTF*, *Genderfluid*, *Gender Non Conforming*, *Gender Questioning*, *Gender Variant*, *Genderqueer*, *Intersex*, *Male to Female*, *Neither*, *Non-binary*, *Other*, *Pangender*, *Trans*, *Transgender*, *Transsexual*, *Transsexual Female*, *Transsexual Woman*, *Transsexual Male*, *Transsexual Man*, *Transsexual Person ;* ou encore *Two-spirit*: terme générique qui désigne des hommes qui pratiquent une identité de genre féminine et des femmes qui pratiquent une identité de genre masculine chez les *Native Americans*.

Cette conception « psychologique » du genre a été cristallisée dans le Préambule des *Principes de Yogyakarta* (ONU) dans lequel l'identité de genre fait référence à l'expérience intime et personnelle du genre profondément vécu par chacun, à la conscience personnelle du corps (qui peut impliquer, si consentie librement, une modification de l'apparence ou des fonctions corporelles par des moyens médicaux, chirurgicaux ou autres) et d'autres expressions du genre, y compris l'habillement, le discours et les manières de se conduire.

En France, la possibilité d'un genre neutre avait été évoquée à la fin du XIXe siècle par le fondateur de la médecine légale, Alexandre Lacassagne, qui demandait « une réforme de l'article 57 du Code civil pour imposer un examen médical à la puberté qui statue[rait] le sexe et l'inscription comme homme, femme ou neutre sur les registres d'état civil. »[50] Mais cette proposition n'a jamais prospéré.

Norrie May-Welby fut la première personne à être considérée juridiquement de sexe « neutre » et l'Australie le premier pays à inscrire dans l'acte de naissance la

[50] A. Lacassagne, *Les Actes de l'état civil : étude médico-légale de la naissance, du mariage, de la mort, Paris, A. Storck, 1887, p.91.*

mention : *« not-specified gender »*. Depuis 2011, les Australiens ont la possibilité de se déclarer « neutre » sur leurs passeports, et ce, même s'ils n'ont pas subi d'opération de changement de sexe.

On peut dire que sur le plan juridique, le sexe a quitté le corps pour s'installer dans l'âme. Le genre devient ainsi un élément de la personnalité disponible par l'individu en tant que composante essentielle de sa vie privée. Le genre cesse donc d'être une question d'ordre public pour devenir une variable dépendante exclusivement de la volonté et de l'autonomie individuelles. Ainsi, le Danemark en 2014, puis Malte et l'Irlande en 2015, et la Norvège en 2016 ont mis en œuvre le principe d'auto-détermination des personnes transgenres en leur donnant la possibilité de modifier leur prénom et/ou la mention de leur sexe à l'état civil par une procédure déclaratoire basée uniquement sur des attestations sur l'honneur. La Cour constitutionnelle belge a annulé l'article 3 de la loi du 25 juin 2017 sur l'identité de genre puisqu'elle ne prévoyait pas l'enregistrement d'une identité non binaire.[51]

En France, la binarité sexuelle demeure la norme et, comme le note Benjamin Moron-Puech, le faible degré de sensibilité de l'opinion publique et l'absence de volonté politique n'augurent pas d'une évolution juridique favorable à la non-binarité[52].

Si le genre est devenu une notion si intime, il est permis de se poser la question de savoir quelle est la légitimité de

[51] G. Willems, « Le genre non binaire et fluide consacré par la Cour constitutionnelle : faut-il flexibiliser ou abolir l'enregistrement civil du sexe ? » (obs. sous Cour const. (b.), arrêt n° 99/2019, 19 juin 2019), Revue trimestrielle des droits de l'homme 2020/4 (n° 124), p. 895 à 920.

[52] B. Moron-Puech, « Le droit des personnes intersexuées, *Socio, la nouvelle revue des sciences sociales*, 9/17.

l'État à utiliser cette catégorie en tant qu'élément d'identification de la personne[53].

Aux Pays-Bas, la ministre de l'Éducation, de la Culture et de la Science a annoncé qu'elle allait supprimer le genre des papiers d'identité.

En France, le critère sexué a été progressivement abandonné depuis l'adoption de certaines normes comme le PaCS en 1999, le mariage pour tous de 2013, la PMA pour toutes en 2021 ou encore la possibilité pour une femme transgenre d'être reconnue comme deuxième mère (CA de Toulouse 9/2/2022). De même, sous la pression du droit européen, les privilèges réservés aux femmes tombent comme l'interdiction du travail de nuit, la pension de réversion de la veuve d'un fonctionnaire, la bonification dans le calcul des retraites ou encore la limite d'âge pour l'accès à la fonction publique. Et, si la logique différentialiste est réintroduite, c'est plutôt pour protéger les femmes contre les discriminations ou pour promouvoir la parité que pour consolider une catégorie identificatoire.

Malgré certaines avancées comme celle concernant l'identité de genre en 2016 ou l'intersexualité en 2021, le droit français demeure attaché à la logique binaire des sexes. Celle-ci peut se justifier lorsque la catégorie a une visée protectrice du genre sous-représenté, par exemple la parité dans les organes d'administration des entreprises ou à l'Assemblée nationale. En revanche, lorsque les documents d'identité prétendent refléter la multiplication de marquage de genre, la situation devient particulièrement problématique. En effet, comment transcrire une identité fluide et variée dans des documents publics qui nécessitent une certaine stabilité ? Comment

[53] M. Kaddouri, « Dynamiques identitaires », dans : Christine Delory-Momberger éd., *Vocabulaire des histoires de vie et de la recherche biographique*. Toulouse, Érès, « Questions de société », 2019, p. 66-69.

réduire le sentiment d'identité individuel à une catégorie de l'état civil ?

S'il s'agit d'une auto-perception, il peut effectivement y avoir autant de genres que d'individus. Cette multiplication des genres devrait, de mon point de vue, se traduire juridiquement par le silence de la *privacy* : chaque individu adopte dans sa vie privée le genre qu'il souhaite. Un sujet de droit sans genre (plutôt qu'avec plusieurs genres ou avec un genre neutre) deviendrait ainsi le principe gouvernant la nouvelle grammaire sexuelle du droit. Il suffirait pour cela de mettre fin à la pratique d'inscription du sexe des individus dans l'acte de naissance et les autres documents d'identité[54]. Ceci s'inscrit dans l'évolution de l'état civil français qui perd progressivement sa fonction de police civile pour devenir l'espace de l'autodétermination : changement du prénom, changement du nom de famille, avènement du prénom d'usage… Comme le note Nicolas Molfessis, désormais, « c'est l'individu que fait foi de lui-même. »[55]

En tant que catégorie fluide, le genre pourrait donc être assimilé à la religion et se soumettre au traitement effectué par la CEDH dans l'affaire *Sinan işik c./Turquie* du 2 février 2010 dans laquelle, Strasbourg considère contraire à la liberté de conscience l'inscription de la religion dans les documents d'identité.

Dans un premier temps, il semble que la classification des personnes en deux genres imposée par l'État en tant que catégorie d'identification a perdu de sa pertinence juridique. Si désormais c'est la volonté individuelle qui fait foi et droit (pour reprendre l'expression de Molfessis)

---

[54] D. Borrillo, « Le sexe et le droit : de la logique binaire des genres et la matrice hétérosexuelle de la loi », *Jurisprudence Revue critique* 2011, p. 263, spéc. p. 273-274.

[55] N. Molfessis, « La fin de l'état civil », *JCP*, n° 29, 22/08/2022.

à quoi bon maintenir le sexe comme catégorie objective de l'état civil ?

L'abandon au niveau identificatoire (catégorie)[56] n'implique nullement de renoncer aux critères sexués (femme, homme, non-binaire, orientation sexuelle, identité de genre, expression de genre…) sur le plan des politiques publiques antidiscriminatoires en utilisant, par exemple, la méthode de l'auto-identification. Autrement dit, le « sexe » peut continuer à opérer juridiquement comme un critère protégé tel que la « race » ou la « religion », c'est-à-dire un *factum* contrairement à la catégorie, laquelle implique une qualité du sujet, une essence, une nature *in fine.*

Dans un deuxième temps, l'élimination du sexe dans l'identification juridique des personnes permettrait de récupérer la radicalité de l'universel, dans le sens de *l'uni versus* (tourné vers l'un) que nous avions évoqué. Cette radicalité se trouve dans les origines mythiques de notre civilisation. En effet, selon les théologiens, le projet divin de création d'Adam n'était pas genré : « Adam n'est pas un nom propre (…) en Hébreu, il n'y a pas d'article indéfini : *naasseh adam* signifie « nous ferons un Adam, un humain. »[57]

Dieu n'a pas de sexe et si l'Homme est créé à son image, lui non plus n'a pas de sexe.

Pour Philon d'Alexandrie, l'Homme primordial (*le* οὐράνιος ἄνθρωπος) n'est ni homme ni femme, mais une idée, il s'agit du projet divin. Pour Saint Jean, il est le *Logos* préexistant. Enfin, suivant l'expression de Saint Ambroise *anima sexum non habet*, nous pouvons déduire alors que *persona sexum non habet,* non plus.

---

[56] La catégorie se caractérise par une certaine homogénéité et continuité alors que le critère renvoie à une situation de fait hétérogène et discontinue.

[57] P. Lévy, « La femme est un Adam comme les autres », *Hommes, Femmes... Quel rapport ?* sous la direction de M. Lévy, Champ social, 2015, pp. 11-37.

3. La parenté transgenre

Depuis que l'identité de genre, en tant que faculté de l'individu à changer son sexe d'origine, est acceptée socialement et reconnue par le droit, un bouleversement s'est produit non seulement en matière de droits fondamentaux, mais également en ce qui concerne la représentation sociale de la parenté. En effet, selon les règles de la filiation, la personne qui accouche est considérée comme la mère de l'enfant. C'est pourquoi un homme transgenre de nationalité américaine, Trystan Reese, a pu devenir mère. Comme en France, la loi américaine n'oblige pas l'individu à se soumettre à une modification physiologique pour changer son sexe juridique à l'état civil. Monsieur Reese a ainsi pu conserver son utérus.

Selon le vieil adage latin, *mater semper certa est* (la mère est toujours certaine), la personne (pas nécessairement une femme) qui accouche est présumée, de manière irréfragable, être la mère de l'enfant. Ainsi, un homme transgenre, en conservant ses capacités procréatives, peut accoucher de l'enfant. Or, en changeant de sexe, il voudra vraisemblablement être reconnu socialement comme père (et non pas comme mère).

Ce pourquoi, un changement des règles du droit de la filiation s'impose. Il est assez simple et consisterait à remplacer les termes « mère » et « père » par celui neutre de « parent ». De même, sur le plan administratif, on ne devrait plus parler de « mari » et de « femme », mais de « conjoint. » D'une manière plus générale, la question se pose sur la pertinence de la mention du sexe dans les actes de naissance. Si le genre n'est plus une question d'ordre public et qu'il renvoie à l'intime (comme la religion, la race ou les opinions politiques), maintenir cette catégorie dans les pièces d'identité et les livrets de famille ne constitue-t-il pas une ingérence injustifiée de l'État dans la vie privée ? Ces modifications du droit, permettront non seulement de résoudre un certain nombre de questions pratiques, surtout pour les personnes intersexes et transgenres, mais aussi de mettre fin à un dispositif essentialiste et discriminatoire.

S'appuyant sur la foi, la nature, la raison, le sens commun ou l'ordre symbolique, la binarité sexuelle sert à maintenir la différence des sexes et des sexualités comme différence hiérarchique. Comme catégorie d'État tendant à l'identification officielle des individus, le genre alimente l'illusion naturaliste de l'existence de deux réalités sociales clairement distinctes. L'assignation des individus à un genre est le résultat d'une grille de lecture de la société durablement fragmentée par le poids identitaire du sexe. Le genre apparaît comme le premier des communautarismes et le plus sournois, car présenté comme universel et naturel. C'est précisément cette idéologie (énonciation répétitive d'un état de fait non-interrogé et formulé de surcroît comme état de droit) qui a rangé la neutralité et l'objectivité du côté masculin. Le véritable universalisme ne peut donc se fonder que sur un sujet de droit neutre vis-à-vis du genre. Toute personne pourra désormais devenir père ou mère, car ce n'est plus la biologie qui définit la fonction parentale, mais la volonté et la responsabilité individuelles.

Malheureusement la CEDH ne suit pas ce raisonnement dans ses dernières affaires. Comme le notent L. Brunet et M. Mesnil, « l'émancipation des catégories "homme" et "femme" de tout déterminisme biologique exclusif échoue à s'étendre aux catégories "père" et "mère", qui peuvent rester appréhendées, en accord avec la Cour, de manière naturaliste, en rapport avec leur seule fonction respective dans la procréation. Les juges strasbourgeois apportent ainsi leur soutien aux États membres pour qui la maternité et la paternité ne sauraient se réduire à des rôles purement sociaux. »[58]

[58] Laurence Brunet et Marie Mesnil, « La parenté trans devant la Cour EDH : vers de nouvelles limites au changement de sexe ? », *La Revue des droits de l'homme* [En ligne], Actualités Droits-Libertés, mis en ligne le 18 juillet 2023, consulté le 18 juillet 2023.

CHAPITRE IV

La liberté sexuelle

1. De la pénalisation du client à la reconnaissance du travail sexuel

Le bilan de la loi n° 2016-444 du 13 avril 2016 *visant à renforcer la lutte contre le système prostitutionnel et à accompagner les personnes prostituées* est plus que décevant. En décembre 2019, après l'évaluation de l'application de la loi, un rapport interministériel a mis en lumière à la fois une aggravation de la précarité des personnes qui se prostituent dans la rue et un transfert du sexe tarifé vers le *web*. Le rapport est également sévère sur l'accompagnement des personnes prostituées dans des parcours de sortie : en 2019, seuls 300 cas ont été recensés alors que l'on compte environ 40.000 personnes prostituées en France. Aussi, *Médecins du Monde* a pu constater que « la santé des travailleuses du sexe s'est détériorée non seulement parce qu'elles sont moins en mesure d'imposer le port du préservatif, parce que l'accès à la prévention et aux outils de réduction des risques est rendu plus compliqué par l'isolement, mais également parce qu'elles travaillent plus et plus longtemps pour gagner moins, ce qui les place dans une grande précarité économique et fragilité. » L'étude effectuée par Théo

Gaudy et Hélène Le Bail (CNRS, CERI-Sciences Po Paris) aboutit aux mêmes conclusions.

La pandémie a énormément aggravé la vulnérabilité d'une population déjà fortement précarisée. Les violences à l'encontre des prostituées de rue ont augmenté en quantité et en intensité. Plus graves encore, le proxénétisme et la prostitution d'enfants n'ont fait que croître depuis l'adoption de la loi. Aussi, loin d'avoir mis fin au sexe tarifé, comme le prétendaient les promoteurs de la loi, celle-ci a favorisé le développement des nouvelles formes de racolage articulées autour du *web* dans des sites d'*escorting* souvent hébergés à l'étranger.

Une étude internationale des effets du COVID-19 sur les travailleurs du sexe masculin a révélé l'impact considérable de la crise sanitaire sur leur activité, avec une diminution de 26,3 % de profils actifs sur un grand site *web* international. Une précarité économique, aggravée par la criminalisation du travail du sexe et l'exclusion des publics concernés des fonds de solidarité COVID. Si la prostitution de rue a quitté les centres-ville, elle prospère toujours en périphérie d'autant que la suppression du délit de racolage a rendu cette activité licite pour les prostituées. À cet égard, le déplacement géographique des travailleurs du sexe a révélé le caractère désuet de la pénalisation du client. En effet, comme le relève un rapport d'évaluation locale de la mise en œuvre de la loi du 13 avril 2016 à Narbonne, Bordeaux, Strasbourg et Paris, diffusé en 2019, celle-ci a proposé un arsenal juridique du passé avec une pénalisation qui peut surtout s'appliquer aux clients de la prostitution de voie publique. Or, à Narbonne, comme sur le reste du territoire national, le volet de la pénalisation des clients ne constitue plus une priorité locale en raison de la diminution de la prostitution au cœur des villes. Sans doute la loi voulait-elle s'attaquer à la nuisance visible de la prostitution de rue et certainement mieux protéger les riverains, surtout dans les quartiers en voie de gentrification.

Cette lutte contre la prostitution de rue n'a toutefois pas empêché l'administration fiscale de continuer à taxer les revenus des travailleurs et travailleuses du sexe. Cependant, la loi n'a pas freiné le développement des nouvelles formes de racolage sur des sites Internet d'*escorting*, souvent hébergés à l'étranger et, dans une certaine mesure, elle les a ignorées. En effet, éloigné de la conception victimaire des prostituées défendue par le mouvement abolitionniste, l'*escorting* met en évidence un autre rapport au corps par celles et ceux qui le pratiquent qui, par le choix même de cet emprunt à la langue anglo-saxonne pour le désigner, échappe à toute représentation sociale négative.

En second lieu, l'*escorting* occasionnel ou exercé à titre professionnel constitue une activité économique prospère, souvent internationale, et générant des revenus considérables. L'étude *Procost* réalisée en 2015 avait chiffré à 3,2 milliards le chiffre d'affaires global de la prostitution, soit un revenu moyen de 7.300 euros mensuels pour les 37.000 personnes prostituées en France. Si l'administration fiscale taxe les revenus des personnes prostituées exerçant comme travailleurs indépendants, celles qui recourent aux sites internationaux d'*escorting* échappent très largement à l'impôt. Le montant de cette évasion fiscale a été évalué à 853 millions d'euros.

Un nombre considérable d'*escorts* exercent librement une activité, échappant à toute forme de proxénétisme ou de traite, grâce à la création d'un profil internet autogéré. Comme une multinationale, cette activité unipersonnelle ne connaît pas de frontières et les pays de destination sont choisis en fonction de leur législation et de leur prospérité économique, outre leur attrait social et culturel. Loin d'être des victimes d'un néolibéralisme prêt à réduire les humains en marchandises, comme le prétendaient les altermondialistes et l'extrême gauche, ils tirent profit du libéralisme en déployant une activité commerciale en hiver à Dubaï ou en Australie, en été en Europe. Par ailleurs, le montant considérable des revenus issus de l'*escorting* rend illusoire le déploiement du dispositif de sortie de la prostitution qui, sous condition de renoncer à cette activité, octroie après un parcours administratif fastidieux une allocation mensuelle de 330 euros. Face à un tel constat d'échec, le moment est arrivé de regarder les nouveaux visages de la prostitution. Il importe d'une part de prendre au sérieux la revendication des associations des travailleurs et travailleuses du sexe selon lesquelles l'échange d'argent pour des services sexuels constitue un travail pour ceux et celles dont c'est la source de revenus.

La reconnaissance légale du service sexuel constitue la consécration du principe de la liberté de disposer de son corps et permettrait de mieux combattre la prostitution forcée et surtout celle des mineurs, d'éliminer les situations d'abus et d'assurer des conditions dignes de travail aux prostituées en matière de sécurité et de santé.

Fruit de la croisade morale menée par les mouvements abolitionnistes de droite comme de gauche, la loi de 2016 a réussi à imposer aux prostituées et à leurs clients, une conception paternaliste selon laquelle la prostituée est une victime à protéger des clients, mais aussi d'elle-même puisqu'on ne peut consentir à la prostitution sous peine de compromettre sa propre dignité humaine : le féminisme s'est découvert ainsi abolitionniste et le conservatisme s'est passionné pour l'égalité des sexes, comme l'a bien montré le sociologue Lilian Mathieu.

Comme tout travail, la prostitution peut être choisie ou subie. Le seul moyen efficace de mettre fin à la contrainte d'un supposé « système prostitutionnel » est de rendre les prostitués, hommes et femmes, libres de leur force de travail. L'État devant être garant et protecteur de l'exercice de cette liberté laquelle devrait avoir un corollaire : celui de la soumission de l'activité prostitutionnelle aux règles de droit auxquelles est assujetti tout acteur économique. Cela passe nécessairement par sa déclaration auprès des organismes sociaux et fiscaux. Dans une approche pragmatique, libérée de tout *a priori* idéologique, l'appréhension du phénomène prostitutionnel par l'État appelle une régulation et non une pénalisation au nom d'une victimisation supposée des travailleurs du sexe. L'un des premiers effets probables de cette régulation serait de rendre moins attractif le bénéfice économique de la prostitution par sa fiscalisation au besoin, en engageant une politique volontariste de lutte contre la fraude fiscale. En second lieu, l'État devrait réajuster sa politique pénale en substituant à la criminalisation désuète du client une coopération policière et judiciaire renforcée de lutte contre le proxénétisme et la traite des êtres humains, sans doute au niveau européen. Au final, la loi de 2016 tient à une idée aussi simple que dangereuse : « Supprimons les clients et nous supprimerons du même coup la prostitution ! » Le bilan de ces cinq années d'application d'une loi aussi incantatoire qu'inutile, faute de soutien politique et de pilotage, a dévoilé les effets néfastes de l'idéologie abolitionniste.

Si le travail sexuel consiste à proposer à autrui un service sexuel tarifé, la première figure qui s'impose est celle du contrat, c'est-à-dire un accord entre au moins deux personnes qui crée des obligations réciproques. L'article 1101 du Code civil le définit comme « une convention par laquelle une ou plusieurs personnes s'obligent, envers une ou plusieurs autres, à donner, à faire ou à ne pas faire quelque chose. » Le premier contrat qui vient à l'esprit pour encadrer civilement le travail sexuel est celui de louage de service par lequel l'une des parties s'engage à faire quelque chose pour l'autre, moyennant un prix convenu entre elles. Il s'agit d'une obligation de faire contrairement au contrat de vente qu'implique une obligation de donner, c'est-à-dire de transférer la propriété d'une chose (vente, donation, échange). L'obligation de faire est l'obligation (positive) d'accomplir une prestation (obligation de soins du médecin, obligation de mettre un local à disposition pour un bailleur, obligation de travail du salarié…).

Le contrat de travail sexuel ne porte pas sur le corps de la personne (comme pour les sportifs, les mannequins, les masseurs...), mais sur une prestation de service, avec une obligation de moyens et non de résultats. Le contrat de prestation de service sexuel pourrait ainsi être défini comme la convention par laquelle une personne (le professionnel du sexe) s'oblige à une prestation sexuelle avec une autre personne (le client) moyennant une rémunération (le prix). Il s'agit d'un contrat *intuitu personae*, c'est-à-dire qu'il est conclu en raison des qualités personnelles de son contractant. Comme dans n'importe quelle fourniture de service, le contrat définit avec précision les conditions et les limites des obligations, en l'occurrence, l'implication du corps des travailleurs du sexe.

Par ailleurs, penser la prostitution sous la forme du salariat dans une entreprise, implique comme préalable de mettre fin à l'incrimination de proxénétisme. Le proxénétisme tel que défini par le Code pénal recouvre quasiment tout ce qui peut entourer le travail sexuel, qu'il soit libre ou forcé. Le mouvement abolitionniste et les dispositions sur le proxénétisme entretiennent la confusion entre travail sexuel et traite d'êtres humains. Si le travail sexuel rentre dans le droit commun, la notion de proxénétisme - sans contrainte ni abus - n'a plus de sens. Le proxénétisme peut être régulé sous la forme du salariat. La traite des êtres humains est et demeure toujours condamnable.

2. Tout devient proxénétisme ou presque

La loi du 13 avril 2016 visant à renforcer la lutte contre le système prostitutionnel a non seulement renforcé la protection supposée des victimes de la prostitution et pénalisé les clients des prostituées, mais a aussi accru, en théorie, la lutte contre le proxénétisme.

Si cette loi constitue un réel progrès en ce qu'elle a permis de ne plus considérer les personnes prostituées comme des délinquantes en supprimant le délit de racolage passif, le système de protection et d'assistance mis en place pour les aider à sortir de la prostitution apparaît très largement insuffisant, d'autant que la répression du proxénétisme est de nature à fragiliser le soutien que peuvent leur apporter les membres de leur entourage. En effet, l'article 225-5 du Code pénal qui punit le proxénétisme de sept ans d'emprisonnement et de 150.000 euros d'amende définit largement cette infraction comme « le fait, par quiconque, de quelque manière que ce soit d'aider, d'assister ou de protéger la prostitution d'autrui ; de tirer profit de la prostitution d'autrui, d'en partager les produits ou de recevoir des subsides d'une personne se livrant habituellement à la prostitution. »

En outre, l'article 225-6 du même code assimile au proxénétisme « le fait, par quiconque, de quelque manière que ce soit (...) de ne pouvoir justifier de ressources correspondant à son train de vie tout en vivant avec une personne qui se livre habituellement à la prostitution ou tout en étant en relations habituelles avec une ou plusieurs personnes se livrant à la prostitution. » Par cette définition très générale, qui va même au-delà de celle héritée du régime de Vichy, qui avait élargi la qualification de souteneur à toute personne qui vit sciemment avec une prostituée, l'infraction de proxénétisme s'applique à de nombreuses situations très éloignées désormais de la figure traditionnelle du souteneur et du maquereau vivant de la prostitution forcée des personnes placées sous leur joug, notamment celles d'origine étrangère.

Ainsi, dans une société où le rapport au corps a changé, des personnes se livrent habituellement à la pratique de l'*escorting*, sans recours à un quelconque intermédiaire ou entremetteur et sans se considérer comme des prostituées. Ces personnes mènent souvent cette activité en parallèle d'une vie familiale et sociale normale, vivant ou non en couple ou chez leurs parents, poursuivant des études ou occupant un emploi. Or, l'*escorting* occasionnel, mais régulier n'en demeure pas moins une figure de la prostitution et, au regard du droit pénal, l'entourage familial de ces jeunes peut tomber donc sous le coup de la répression.

Ainsi, l'individu qui partage au quotidien sa vie avec une personne se livrant occasionnellement à l'*escorting*, sans pouvoir justifier de ressources propres, peut être poursuivi pour proxénétisme. L'application par la jurisprudence des textes répressifs témoigne d'une appréciation étendue de la notion de proxénète avec un taux de condamnation très élevé, de l'ordre de 95 %. Ainsi, ont été condamnés le propriétaire d'un appartement servant occasionnellement à la prostitution (même s'il l'ignorait), l'ami qui a prêté une camionnette à une prostituée pour son déménagement, le propriétaire d'un bar qui accueillait des prostituées même si elles n'y exerçaient pas leur activité, la femme de ménage qui nettoyait la chambre d'un motel ou encore le compagnon d'une prostituée qui partageait avec elle les revenus de son activité.

Dans une décision du 4 juin 2020, la chambre criminelle de la Cour de cassation a confirmé la condamnation à dix-huit mois de prison de l'époux d'une femme prostituée qui, en connaissance de cause, avait accepté que son épouse paye le loyer de la maison où ils habitaient. Aujourd'hui, la lutte contre le système prostitutionnel est de nature à fragiliser la vie de celles et ceux qu'elle entend protéger, du moins à mettre en danger leurs proches, conjoint, concubin ou partenaire pacsé. Certains plaidants avaient estimé que la répression du proxénétisme portait une atteinte disproportionnée au droit à la vie familiale garanti par la Convention européenne des droits de l'homme. La portée du dispositif répressif actuel est telle que même les enfants mineurs ou majeurs, élevés par un travailleur du sexe, peuvent tomber sous le coup de l'infraction dès lors qu'ils vivent des subsides de leur parent.

Mais, la Cour de cassation a considéré que les poursuites pour proxénétisme ne mettaient pas en cause le droit d'une personne prostituée de contracter mariage et celui de son époux de vivre avec elle, mais tendaient seulement à sanctionner la remise des produits de la prostitution à ce dernier. La liberté fondamentale de mener une vie familiale se trouve ainsi particulièrement compromise pour les personnes prostituées en raison de la menace de poursuite pour proxénétisme planant sur leur conjoint.

La répression est telle que les parents prostitués exposent leurs enfants à l'infraction de proxénétisme, situation décrite dans le film récent *Une femme du monde*, de Cécile Ducrocq (2021). Certes, il pourra être objecté qu'au nom de l'opportunité des poursuites, de telles situations ne seront pas déférées devant les juridictions pénales. Mais la pratique d'un Parquet à un autre peut varier selon la politique pénale qu'il entend mener.

Si la lutte contre les réseaux exploitant la prostitution d'autrui semble essentielle, elle demeure cependant limitée à la prostitution de voie publique presque exclusivement étrangère. De surcroît, les moyens mis en œuvre depuis sont en contradiction avec l'ambition de ce volet de la loi. En effet, l'Office central pour la répression de la traite des êtres humains n'a que vingt enquêteurs dédiés à l'identification et au démantèlement des réseaux clandestins.

Ce qui explique que ces réseaux, tout comme la prostitution de mineurs, n'ont fait que croître depuis l'adoption de la loi. Aussi, loin d'avoir mis fin au sexe tarifé, comme le prétendaient les promoteurs de la loi, celle-ci a favorisé l'*escorting* sur le *web* dans des sites hébergés à l'étranger et échappant à la juridiction française.

Loin de renforcer la lutte contre le proxénétisme (les condamnations pour proxénétisme aggravé ne cessent de diminuer ou, pour le proxénétisme dit de « cité », les poursuites restent faibles), la loi de 2016 a contribué à précariser la situation des travailleurs du sexe qui deviennent les véritables victimes du nouveau dispositif.

Faute de pouvoir s'attaquer aux véritables proxénètes et aux réseaux de traite des êtres humains, la répression cible les personnes proches de prostituées grâce à la définition particulièrement large de la figure pénale du proxénète. À la lecture de la jurisprudence et au regard des statistiques criminelles, tout se passe comme si, au lieu de s'attaquer aux réseaux internationaux d'exploiteurs de la prostitution d'autrui, l'État préfère orienter sa charge répressive, non seulement contre les clients des prostituées, mais contre les proches de celles-ci. Étrange paradoxe du dispositif français qui finit par punir celles et ceux qu'il prétend protéger.

3. La pornographie et la liberté sexuelle

Un projet de loi durcissant la législation actuelle en matière de pornographie sera bientôt présenté par le gouvernement. Il s'agit notamment d'empêcher l'accès des mineurs aux sites pornographiques en donnant à l'*Autorité de régulation de la communication audiovisuelle et numérique* la possibilité de bloquer ces sites et d'appliquer une sanction allant jusqu'à 500.000 euros d'amende sans intervention judiciaire. Si l'interdiction effective de la pornographie aux mineurs semble évidemment nécessaire, l'amalgame avec la consommation d'images pornographiques par des adultes consentants est pour le moins problématique. De même, considérer que des comportements criminels sont fatalement liés à l'industrie pornographique ne fait qu'alimenter la panique morale.

En ce sens, le 28 septembre 2022 la Délégation sénatoriale aux droits des femmes a rendu public un rapport sur l'industrie pornographique appelé *Porno : l'enfer du décor,* dénonçant les méthodes de travail de cette activité tout comme la consommation généralisée chez les jeunes et chez les adultes. La terminologie du rapport met en évidence la finalité abolitionniste de l'entreprise sénatoriale : « machine à broyer les femmes » ; « atteinte à la dignité humaine » ; « industrie proxénète » ; « marchandisation du sexe » ; « viol systématique » ; « esclavage et traite d'êtres humains. »

En mettant sur le même plan les adultes et les mineurs, les infractions pénales et les relations consenties (englobées sous le terme de « violence pornographique »), l'acte sexuel et la représentation de l'acte sexuel, les fantasmes privés et le passage à l'acte, le dispositif de censure proposé par le rapport risque de compromettre des libertés fondamentales telles que la liberté d'expression, la protection de la vie privée, la liberté sexuelle et la liberté d'entreprise.

L'offensive contemporaine contre la pornographie commence en 2001 avec la ministre socialiste déléguée à la famille, Ségolène Royal. Elle est suivie par le président du Conseil Supérieur de l'Audiovisuel en 2002 et par une proposition de loi visant à interdire la diffusion de films dits « pornographiques » à la télévision, déposée par la députée conservatrice Christine Boutin cette même année.

Rappelons le principe fondateur de la vie en société établi par la Déclaration des droits de l'homme et du citoyen : « La liberté consiste à pouvoir faire tout ce qui ne nuit pas à autrui : ainsi, l'exercice des droits naturels de chaque homme n'a de bornes que celles qui assurent aux autres membres de la société la jouissance de ces mêmes droits. » Le consommateur adulte d'images pornographiques ne cause aucun tort à autrui.

Concernant l'accès à la pornographie, d'emblée nous constatons dans la législation une contradiction entre les différentes majorités. Elle est fixée à 15 ans pour la pratique sexuelle et à 18 ans pour visionner un film pornographique. La logique juridique se trouve ainsi entachée d'une incohérence : notre société n'autorise pas à voir des choses qu'elle permet cependant de faire. Jean-Christophe Barbato a raison d'affirmer que cela « dévoile une forme de croyance qui relève de la pensée magique sur le pouvoir de la représentation, écrite ou visuelle (…). L'idée d'un pouvoir sorcier des images qui sont considérées comme plus néfastes, plus dangereuses que l'acte qu'elles représentent. »[59]

La possession et la consommation de la pornographie par les adultes relèvent, selon la CEDH, de la vie privée et tout ingérence de l'État doit être considérée comme une violation à une liberté fondamentale protégée par la Convention européenne des droits de l'homme (affaire *Chocholáč contre Slovaquie* 07/07/2022). Outre la pornographie, rappelons-nous que ce fut grâce au rattachement de la sexualité à la sphère intime de la vie privée que l'homosexualité, la transsexualité, le polyamour et la prostitution ont cessé d'être considérés comme des infractions pour devenir de composantes essentielles de l'autodétermination individuelle.

Sur le plan juridique, c'est-à-dire au sein d'une logique de dissociation entre la morale et le droit, la pornographie est d'abord considérée, selon le juge européen, comme une manifestation de la liberté d'expression qui reconnait « toutes les informations ou idées, même celles qui heurtent, choquent ou inquiètent l'État ou une fraction quelconque de la population. Ainsi le veulent le pluralisme, la tolérance et l'esprit d'ouverture, sans lesquels il n'est pas de société démocratique. »[60]

Concernant la production pornographique, il semble abusif de l'analyser, comme le fait le rapport du Sénat, à partir des abus et de la violence (ce qui constitue, comme toute exploitation, une dérive condamnable). Alors que le rapport aurait pu pointer les insuffisances réelles telles que les pratiques contractuelles informelles pour les actrices et les acteurs pornographiques lesquels bénéficient rarement

[59] J-Ch. Barbato, « Pornographie et droit international et européen des droits de l'homme. Morale des États et pensée magique » in J. Cazala, Y. Lecuyer et B. Taxil (dir.), *Sexualité et droit international des droits de l'homme*, Pedone, Paris, 2018, p. 330.
[60] CEDH, Affaire *Handyside c./ Royaume-Uni*, 07/12/1976.

du statut d'intermittent du spectacle. Tout comme le travail au noir ou encore l'inégalité salariale au détriment des hommes[61]. Faire entrer la pornographie dans le droit commun impliquerait non seulement de régulariser le contrat de travail sexuel, mais aussi de respecter la liberté de commerce et d'industrie pour les producteurs et les vendeurs de matériel pornographique.

Comme le note Ruwen Ogien, « la pornographie présente probablement, dans l'état actuel de sa production et de sa diffusion, certains aspects socialement répugnants : surexploitation, misogynie militante, cynisme des fabricants et des distributeurs, prêts à tout pour augmenter leurs profits. Mais il ne s'agit pas de pathologies sociales spécifiques, puisqu'on les retrouve un peu partout hélas, même dans la fabrication des jouets pour enfants, ce qui, disons-le en passant, n'a jamais conduit qui que ce soit à demander l'interdiction des jouets. »[62]

Interdire la pornographie pour éradiquer la violence systémique qu'elle est supposée provoquer me semble tout simplement absurde : l'Afghanistan, l'Iran, la Corée du Nord ou l'Arabie Saoudite répriment sévèrement la pornographie et ne se trouvent pas dans la liste des pays qui garantissent le mieux les droits des femmes.

Au nom de la dignité humaine, de la protection de la jeuneuse ou de la lutte contre les violences sexistes se cache une entreprise paternaliste et liberticide. Or, le rôle des droits fondamentaux est de laisser à chacun la possibilité de choisir et de développer sa propre conception de la sexualité. C'est pourquoi il ne s'agit pas seulement d'éviter la censure (liberté négative), mais de garantir aussi l'accès à la pornographie comme une forme

---

[61] M. Trachman, « Hiérarchie des salaires et plaisir au travail dans la pornographie », *Ethnologie française*, vol. 43, no. 3, 2013, pp. 417-424.
[62] R. Ogien, *Penser la pornographie*, PUF, Paris, 2003.

de bien-être érotique (liberté positive) qui participe à l'autoréalisation personnelle. L'OMS souligne que « le comportement sexuel responsable est exprimé aux niveaux individuel, interpersonnel et communautaire. Il comprend l'autonomie, la réciprocité, l'honnêteté, le respect, le consentement, la protection et la poursuite du plaisir et du bien-être… » Puisque la consommation de produits pornographiques peut, pour ceux et celles qui aiment cela, accroître le plaisir et l'accomplissement individuels, la pornographie mérite d'être protégée comme participant à l'assise d'un droit fondamental : la liberté sexuelle.

CHAPITRE V

La liberté des sexualités

1. Homosexualité : le libéralisme a mis fin à des siècles de stigmatisation

C'est au sein des sociétés démocratiques de type libéral que l'attirance érotique pour les personnes du même sexe a cessé progressivement de constituer une entrave à la jouissance des droits fondamentaux. Pendant longtemps, ce trait de la personnalité fut l'objet des condamnations les plus sévères trouvant leur origine dans l'Ancien Testament. Si la philosophie stoïcienne avait déjà beaucoup influencé la morale sexuelle romaine par la valorisation du contrôle des pulsions et l'encouragement du sexe orienté exclusivement vers la procréation, l'homosexualité n'était condamnée que d'une manière diffuse. C'est la prédication de l'apôtre Paul qui jettera les bases d'une nouvelle norme sexuelle fondée non pas sur le rôle du partenaire (actif/passif), son statut social (libre/esclave) ou son âge (imberbe/mature), mais sur la référence au caractère naturel de l'accouplement hétérosexuel. Tout au long du Moyen Âge, ce fut autour de l'acte de sodomie que les rapports sexuels entre personnes du même sexe ont été punis.

De par sa référence fondamentale au passé gréco-romain, la Renaissance a constitué une période de relative tolérance de l'homosexualité. « Vivre et laisser vivre », fut le mot d'ordre des aristocrates italiens lesquels, sans l'approuver moralement, ne trouvaient pas non plus nécessaire de la punir. C'est surtout par le biais de l'art que l'homosexualité masculine émerge à la surface sociale. Beccadelli, Cellini et Montaigne, pour la littérature, Ariosto, Pietro Aretino et Poliziano pour le théâtre. Mais, ce sont surtout la peinture et la sculpture qui développent le plus l'homo-érotisme : Donatello, Michel-Ange, Léonardo da Vinci, Botticelli et Caravage. Cet esprit d'indulgence s'est étendu au siècle des Lumières, lequel, malgré les condamnations explicites de certaines de ces principales figures, prônait le respect de la vie privée. Toutefois, aussi bien pendant la Renaissance que tout au long du XVIIIe siècle les bûchers de l'Inquisition ne se sont jamais éteints. C'est grâce à l'influence du juriste italien Cesare Beccaria que le premier Code pénal révolutionnaire de 1791 ainsi que le Code pénal napoléonien de 1810 cessent d'incriminer les « mœurs contre-nature. »

Le libéralisme (qui dissocie clairement le crime de la faute morale) et la laïcisation de l'ordre public prônaient l'abstention de l'État dans la sphère de la vie privée des individus majeurs et consentants. Cependant, la philosophie libérale sera rapidement éclipsée au XIXe siècle par un appareil médico-psychiatrique extrêmement violent.

Les condamnations religieuses et le discours clinique furent à leur tour dépassés au siècle dernier par les deux grandes idéologies anti-libérales : le stalinisme et le nazisme. En Allemagne dès 1936 les homosexuels furent envoyés en masse dans les camps de concentration auxquels très peu survécurent[63]. De même, la loi anti-sodomie promulguée par Staline en 1934 (et maintenue en vigueur jusqu'en 1993) fut à l'origine de la répression et de la déportation de milliers d'homosexuels au Goulag[64].

Le 6 août 1942, quelques mois après la promulgation de la loi sur le statut des Juifs, la France réintroduit dans la loi une disposition pénalisant l'homosexualité. En effet, Pétain modifiera le Code pénal en insérant un nouveau délit : « actes impudiques et contre nature avec un mineur de 21 ans ayant le même sexe que l'auteur », alors que pour les rapports hétérosexuels la majorité était établie à 13 ans. À la libération en 1945, le général de Gaulle maintiendra cette incrimination en la replaçant dans le chapitre des « atteintes aux mœurs. »

Dans le sillage de la lutte des féministes, le mouvement LGBT a utilisé l'arène judiciaire pour faire avancer son agenda, en particulier auprès de la Cour européenne des droits de l'homme. Grâce à son action, en vingt ans nous sommes passés de la pénalisation de l'homosexualité à la criminalisation de l'homophobie. Bien que les termes « orientation sexuelle » et « homosexualité » n'apparaissent pas dans la Convention européenne des droits de l'homme, la CEDH a construit une protection en fonction des principes généraux tels que le respect de la vie privée, de la vie familiale, de la liberté d'expression ou l'interdiction des traitements inhumains et dégradants notamment.

Considérer que le problème n'est pas l'homosexualité, mais l'homophobie n'est pas une idée nouvelle. Elle avait été théorisée en 1785 par le philosophe libéral Jeremy Bentham dans son *Essai sur la pédérastie* où ce n'est pas tant l'étiologie de l'homosexualité qui intéresse le

---

63 Grau, *Hidden Holocaust? Gay and Lesbian Persecution in Germany 1933-1945*, Chicago, London, Fritzroy, Dearborn 1995.

64 Dan Healey, *Homosexual Desire in Revolutionary Russia: The Regulation of Sexual Dissent*, Chicago, The University of Chicago Press, 2001.

philosophe, mais les justifications morales et politiques de sa brutale répression, considérée par lui comme une barbarie d'autrefois. Cette antipathie contre les homosexuels, que nous appelons aujourd'hui homophobie, est due, d'après Bentham, à la haine du plaisir, au rôle néfaste de la religion et à la vision étroite de la sexualité propre à la morale occidentale qui la justifie uniquement dans un but de reproduction de l'espèce. À la fin de son essai, le philosophe anglais va comparer l'homosexualité avec l'un des actes les plus banals de la vie quotidienne, ridiculisant ainsi plusieurs siècles d'homophobie : « Il est étonnant que jamais personne n'ait pensé que c'est un péché de se gratter où cela démange et qu'on n'ait jamais décidé que la seule façon naturelle de se gratter est avec tel ou tel doigt et qu'il est contre-nature de se gratter avec un autre. »

En 1957, la controverse entre deux professeurs de droit lors du débat sur la dépénalisation de l'homosexualité au Royaume-Uni illustre parfaitement les positionnements conservateur et libéral sur la question. Le conservateur, Lord Patrick Devlin, considère que la société a le droit de faire prévaloir une vision de la morale majoritaire qui, par le biais de la loi, peut s'imposer aux individus et à leur vie privée. Cette morale constitutive de la société (*society's constitutive morality*) doit dans certains cas compter davantage que la morale individuelle. Pour Hart, le professeur libéral, l'État doit demeurer neutre en matière de morale sexuelle du moment que l'acte est choisi librement et ne porte préjudice à personne.

Cela fait écho à un autre principe du philosophe libéral John Stuart Mill. Le principe de non-nuisance (*harm principle*) établit que la seule raison légitime d'interférer avec les affaires des autres est d'empêcher que du tort soit causé à autrui.

Si dans un premier temps, l'angle libéral pour penser l'homosexualité a été celui de la tolérance, aujourd'hui cette perspective semble dépassée puisqu'elle suppose implicitement un jugement défavorable de la majorité à l'encontre de ceux, minoritaires, que l'on tolère. La notion de reconnaissance n'est pas non plus pertinente puisqu'elle présuppose, non sans paternalisme, une hiérarchie entre celui qui reconnaît et celui qui est reconnu. Aussi, la politique de la reconnaissance implique l'existence de communautés différentes.

Or, l'attirance sexuelle ne semble pas susceptible de constituer un élément capable de former une identité collective. Il y a des homosexuels de toutes les races, religions, classes sociales, âges, nationalités et genres. Comme les hétérosexuels, les homosexuels ont une palette de goûts variés : ceux qui aiment les personnes plus âgées ou plus jeunes, blondes, brunes, asiatiques, chauves, poilues, imberbes, intellectuelles ou sportives…

Le regard que l'État libéral peut porter sur l'orientation sexuelle est à la fois celui de la liberté et de l'indifférence. C'est dans cet esprit qu'ont été menés les combats politiques depuis quarante ans. De l'égalité de l'âge de consentement entre rapports homosexuels ou hétérosexuels en 1982 à l'ouverture de la PMA à toutes les femmes en 2021 en passant par le Pacs en 1999 et le mariage pour tous en 2013, il est toujours question d'accès aux libertés fondamentales et de participation au droit commun et non pas des droits spécifiques. Et, c'est cette même participation au droit commun qui demain justifiera l'ouverture de la GPA à tous les couples, homosexuels comme hétérosexuels.

Enfin, l'homosexualité n'est autre chose que l'expression de la liberté de mœurs et elle s'inscrit dans le sillage de la libre disposition de soi, de son corps et de sa destinée, notions fondatrices du libéralisme moral.

2. La longue marche pour la reconnaissance de l'orientation sexuelle

Le rapport entre l'ordre social et les sexualités dissidentes, parmi lesquelles l'homosexualité, a toujours été d'une complexité particulière. Si la civilisation gréco-romaine baignait dans une atmosphère de relative indifférence de celle-ci, le monde judéo-chrétien construit une répression de laquelle l'Occident a eu du mal à s'affranchir[65].

Durant l'Antiquité, le sexe du partenaire ne joue pas un rôle spécifique dans l'érotisme. Les amours d'Hélène et Paris, Achilles et Patrocle ou Sappho et Anactoria ne constituent que quelques exemples des nombreux couples homosexuels célébrés par la mythologie et par les récits épiques. Certes l'amour conjugal bénéficiait d'un statut privilégié, en ce sens qu'il assurait la continuité de la *Polis*. Les relations homosexuelles méritaient toutefois la plus haute considération. Le monde antique privilégiait une forme spécifique d'homoérotisme : l'amour des éphèbes. Élément essentiel dans l'éducation des jeunes garçons (*paideia*), la pédérastie pédagogique pouvait s'accompagner de désir sexuel. Comme le note P. Brown : « Que des hommes ressentirent le désir de caresser et de pénétrer d'autres hommes beaux ne surprenait guère, tout au moins chez les Grecs. Ce que l'on réprouvait fortement, c'était que la quête du plaisir amenât certains hommes à désirer jouer le rôle passif d'une femme, en s'offrant à la pénétration de leurs amants : pareille conduite déroutait les médecins et choquait la plupart des gens. Nul homme libre ne devait souffrir d'être affaibli par le désir au point de se laisser aller à s'écarter de la hiérarchie férocement gardée

---

[65] D. Borrillo et D. Lochak (Dir.) *La liberté sexuelle*, PUF, Paris 2005.

qui plaçait tous les hommes libres, dans tous leurs faits et gestes, au-dessus des femmes et des esclaves. »[66]

Si les sociétés païennes étaient « misogynes » (pour utiliser une expression contemporaine), elles méconnaissaient « l'homophobie ». En effet, ce qui posait problème ce n'était pas le sexe du partenaire, mais l'inversion du rôle que chaque partenaire devait assumer dans le rapport sexuel. Il s'agissait donc d'une question de genre. Un homme appartenant à la classe sexuellement supérieure ne pouvait pas se comporter ni socialement ni érotiquement comme une femme : c'était trahir sa supériorité.

La liberté du monde antique contraste avec les condamnations lapidaires de l'Ancien Testament et les prescriptions chrétiennes. La légende de Sodome et Gomorrhe[67], selon laquelle Dieu avait puni les habitants de ces villes pour les crimes contre nature commis contre ses envoyés, a été à l'origine de la condamnation de l'homosexualité. « Terre calcinée, corps brûlés, pluie de souffre et malédiction éternelle de Yahvé » à cette « race maudite » qui avait commis le plus infâme des péchés, le crime contre nature. La violence du récit de la *Genèse* est renforcée par les prescriptions du *Lévitique* : « Tu ne coucheras pas avec un homme comme on couche avec une femme ; ce serait une abomination. »[68] ou bien : « Quand un homme couche avec un homme comme on couche avec une femme, ce qu'ils ont fait tous les deux est une abomination ; ils seront mis à mort, leur sang retombe sur eux. »

Nous chercherons en vain un blâme de l'homosexualité par Jésus. C'est Paul qui jettera les bases d'une nouvelle

[66] P. Brown, *Le renoncement à la chair. Virginité, célibat et continence dans le christianisme primitif*, Gallimard, Paris, 1995

[67] *Livre de la Genèse* 19, 1-29.

[68] *Lévitique* 18, 22.

forme de condamnation fondée sur la conformité à la nature de l'acte sexuel : « C'est pourquoi Dieu les a livrés à des passions infâmes, car leurs femmes ont changé l'usage naturel en celui qui est contre nature et de même les hommes, abandonnant l'usage naturel de la femme, se sont enflammés dans leurs désirs les uns pour les autres, commettant homme avec homme des choses infâmes, et recevant en eux-mêmes le salaire que méritait leur égarement. »[69] Dans les épitres aux Corinthiens, Paul prévient : « Ne savez-vous pas que les injustes n'hériteront point le royaume de Dieu ? Ne vous y trompez pas : ni les impudiques, ni les idolâtres, ni les adultères, ni les efféminés, ni les infâmes, ni les voleurs, ni les cupides, ni les ivrognes, ni les outrageux, ni les ravisseurs, n'hériteront le royaume de Dieu. »[70]

Comme le note l'historienne Eva Cantarella : « Il est difficile, à la lumière de ces considérations de ne pas penser le christianisme comme la cause fondamentale et déterminante dans le changement de la politique répressive envers l'homosexualité. »[71] En effet, à partir de l'an 342 commence la persécution et en 438, Théodose II condamne tous les homosexuels passifs au bûcher (on est dans le registre du genre, la condamnation est adressée aux efféminés). Tout au long du Moyen Âge, c'est sous le terme de « sodomie » que les rapports sexuels entre personnes de même sexe ont été condamnés. La sodomie est une création de la théologie médiévale qui a permis de classer certains désirs et certaines dispositions dans la catégorie de *vitium contra natura*. Si le terme désigne en principe toutes les formes de rapports sexuels non reproductifs, c'est tout particulièrement l'homosexualité

[69] *Rm* 1, 26-27.
[70] 1 *Co* 6, 9-10.
[71] E. Cantarella, *Selon la nature, l'usage et la loi : La Bisexualité dans le monde antique* (1988), La Découverte, Paris, 1991.

masculine qui se trouve visée. Au VIe siècle l'empereur Justinien condamne à la peine de mort tous les homosexuels, indépendamment du rôle qu'ils assument dans l'acte sexuel (la question devient un problème lié à la pratique elle-même).

D'abord la Patristique et ensuite la Scolastique organisent un corpus cohérent d'interprétation de la sodomie. D'après Boswell, « à partir du XIVe siècle, l'Europe occidentale céda à une haine farouche et obsessionnelle de l'homosexualité, conçue comme le plus effroyable des péchés. » L'homosexuel est un hérétique et l'hérétique est un homosexuel. Maurice Lever note qu'en « collant l'étiquette d'hérétique sur l'homosexuel et celle d'homosexuel sur l'hérétique, l'Église entretenait la haine de l'un par la haine de l'autre. Nul doute que l'accusation d'homosexualité n'ait puissamment contribué à la lutte contre les dissidences doctrinales qui déferlèrent sur l'Europe au cours du Moyen Âge, et qu'inversement, la présomption d'hérésie pesant sur l'homosexualité n'ait encouragé la répression morale envers l'hétérodoxie sexuelle. »[72]

Après le Moyen Âge, entre la Renaissance et le siècle des Lumières, une certaine liberté des mœurs caractérisera l'Occident. Mais cette période ne fut qu'une parenthèse dans l'histoire. En effet, à la fin du XIXe siècle, s'opère une nouvelle manière d'approcher la question homosexuelle. Pour l'esprit scientifique de l'époque, il a été nécessaire de la faire sortir du registre du péché pour l'analyser sous l'angle de la médecine. Auxiliaire de la justice, la médecine légale (Zacchias, Casper, Tardieu) apparaît comme la première discipline moderne à traiter de l'homosexualité. La criminalité est expliquée à partir de la perversion et au sein de celle-ci « l'inversion » occupe une

[72] M. Lever, *Les buchers de Sodome*, Paris, Fayard, 1985.

place privilégiée. Les diverses théories médicales de la sexualité (allant de la médecine légale à la psychanalyse en passant par la psychiatrie) partent de la croyance en l'homosexualité comme un phénomène inné, fruit de la dégénérescence individuelle et sociale (Krafft-Ebing, Tardieu, H. Ellis, Tamassia). Si, pour les théologiens, le vice est dans l'âme, pour les médecins il est à chercher dans le corps. « Les parties génitales, la verge, le scrotum, la rainure balano-préputiale, les cuisses, l'anus, la bouche… partout dans le physique de l'inverti, on trouve les marques de sa dégénérescence. » Toutefois, la médicalisation de l'homosexualité a eu un double effet, d'une part, elle a accru l'appareil répressif en mettant l'autorité du savoir psychiatrique au service du système pénal et d'autre part, elle a été utilisée comme base pour permettre la dépénalisation d'actes sexuels entre personnes de même sexe (Kertbeny, Ulrichs, Hirschfeld).

Le combat pour la dépénalisation de l'homosexualité en Allemagne s'est interrompu brutalement avec la prise du pouvoir par les nazies. En peu de temps, les peines contre les homosexuels se sont durcies : l'article 175 du Code pénal prévoyait jusqu'à dix ans de prison et même les manifestations purement affectives seront sanctionnées. Dès 1936 les gays furent envoyés en masse dans les camps de concentration auxquels très peu d'entre eux survécurent. [73]

Après la Seconde Guerre mondiale et malgré le prix payé par les homosexuels à la barbarie nazie, aucune disposition protectrice ne fut adoptée à leur égard. Au moment de l'élaboration d'une stratégie internationale de sauvegarde des libertés fondamentales, nulle disposition ne fut consacrée à la protection contre les discriminations

---

[73] G. Grau, *The Hidden Holocaust: Gay and Lesbian Persecution in Germany* 1933-45, Fitzroy Dearborn Publishers, 1995 (version anglaise).

fondées sur l'orientation sexuelle. On cherchera ainsi en vain dans les principaux instruments relatifs aux droits de l'homme une disposition ou une référence spécifique à l'homosexualité. Ni les textes à valeur universelle tels que la Déclaration universelle des droits de l'homme (ONU 1948) et les deux Pactes internationaux (ONU, 1966), ni ceux à portée régionale comme la Convention américaine des droits de l'homme (OEA 1969) ou encore la Charte africaine des droits de l'homme et des peuples (OUA, 1981) ne font mention des discriminations fondées sur la sexualité. En outre, alors qu'au fil des ans, la liste des droits protégés par la Convention européenne a été progressivement complétée par le biais de protocoles additionnels, aucune norme ou disposition nouvelle ne se réfère à l'homosexualité en tant que telle. En revanche, jusqu'à la fin des années 1970, l'ensemble des systèmes juridiques occidentaux pénalisait, d'une manière ou d'une autre, les relations entre personnes de même sexe.

Certes, il existe autant de sexualités que d'individus qui les pratiquent. Toutefois, force est de constater que, historiquement, la dichotomie clinique "hétérosexuel/homosexuel" élaborée au XIXe siècle, a représenté un dispositif politique particulièrement efficace à l'heure de distribuer des privilèges pour les uns et des sanctions pour les autres, surtout dans un type de société où l'on attribue au sexe plus une fonction reproductive qu'une finalité de jouissance et de plaisir[74], comme ce fut le cas dans le monde hellénique ou dans la société musulmane du IXe siècle.

Pendant longtemps, le discours religieux fut renforcé par un appareil conceptuel de type médico-psychiatrique (cristallisé dans la loi pénale) qui a considéré l'attraction par

[74] L. Murat, *La loi du genre. Une histoire culturelle du troisième sexe*, Fayard, Paris, 2006.

des personnes du même sexe comme un comportement (ou un trait de la personnalité) dangereux, malade, aliénant, pervers et préjudiciel tant pour l'individu que pour la société. Les différentes formes que ce désir a revêtues (sodomie, inversion de l'instinct sexuel, homosexualité, troisième sexe, pédérastie...) ont trouvé une répression spécifique en tant que :

- Péché : encore de nos jours le Catéchisme de l'Église Catholique dans son chapitre 2357 établit que « la Tradition a toujours déclaré que les actes d'homosexualité sont intrinsèquement désordonnés. Ils sont contraires à la loi naturelle. Ils ferment l'acte sexuel au don de la vie. Ils ne procèdent pas d'une complémentarité affective et sexuelle véritable. Ils ne sauraient recevoir d'approbation en aucun cas. » L'arrivée du Pape François a changé sensiblement le climat dans l'Église. Jugeant injustes les lois qui pénalisent l'homosexualité, le Souverain Pontife appelle de ses vœux un « processus de conversion de l'Église » pour que les personnes homosexuelles soient accueillies dignement.
- Maladie : L'homosexualité n'a été retirée du *Manuel diagnostique et statistique des maladies mentales* (DSM) qu'en 1985 et a été déclassifiée lors du congrès de 1992, pour tous les états signataires de la Charte de l'OMS.
- Ralentissement de l'évolution psychique : pour la psychanalyse, l'homosexualité devient un accident dans le parcours relationnel de l'enfant avec ses parents. Fixé dans une phase auto-érotique (narcissisme), effrayé par l'idée de perdre son pénis (castration), incapable de résoudre l'amour envers sa mère (Œdipe), l'homosexuel est dépeint comme un « handicapé affectif » qui n'a pas su (ou n'a pas pu)

dépasser les conflits de l'enfance pour aboutir à l'hétérosexualité[75].

- Crime ou délit : Ce n'est qu'au début des années 1980 que la dépénalisation est devenue un phénomène majoritaire dans les lois pénales occidentales. Ailleurs, aujourd'hui, près de quatre-vingt-dix pays au monde pénalisent encore l'homosexualité dont neuf avec la peine de mort[76].

Ces classifications répondent à des paradigmes dominants dans différentes périodes historiques ; soulignons toutefois que l'homosexualité cumule fréquemment l'ensemble des stigmates. Si pendant le Moyen Âge, la sodomie a été exclusivement la base de la répression, à partir du XIXe siècle ont coexisté les condamnations morales et juridiques avec de violentes interventions médicales[77].

Outre d'avoir cumulé les différentes formes de répression (péché, maladie, crime), formes qui ont coexisté et coexistent encore dans plusieurs pays, d'autres spécificités de la minorité gay et lesbienne permettent de mieux comprendre les difficultés rencontrées par cette population. À la différence des femmes ou des pauvres (catégories discriminées, mais pas minoritaires), les lesbiennes et les gays constituent une véritable minorité. Par ailleurs, contrairement aux premières, pour lesquelles il n'a jamais existé de volonté politique d'extermination, l'entreprise nazie avait pour objectif de faire disparaître les Aryens incapables de « guérir » de leur homosexualité.

Par ailleurs, les gays et les lesbiennes forment une minorité dispersée dans le temps (ils ont toujours existé) et dans l'espace (ils se trouvent partout dans le monde). De

[75] D. Eribon, *Échapper à la psychanalyse*, Léo Scheer, Paris 2005.

[76] Iran, Arabie Saoudite, Afghanistan, Mauritanie, Soudan, Nigeria (États du nord), Yémen, Pakistan, Émirats Arabes Unis.

[77] Plusieurs psychologues proposent encore aujourd'hui des thérapies pour « guérir » de l'homosexualité : http://www.narth.com/

surcroît, comme l'a démontré l'historien John Boswell, chaque homosexuel subit individuellement l'homophobie[78]. Chez les Juifs, pour ne prendre que cet exemple, les valeurs sont transmises par les ascendants aux plus jeunes dans le cadre d'une communauté dans laquelle les préceptes moraux sont légués de génération en génération : conseils de comment esquiver ou éviter la persécution d'une majorité éventuellement hostile ou de comment se faire oublier au moment opportun. Cette « culture minoritaire » existe aussi dans les communautés d'origine africaine ou chez les gens du voyage lesquels trouvent au sein de leurs familles le réconfort nécessaire pour vivre dans un milieu éventuellement nuisible. La situation est fort différente pour les gays et les lesbiennes. La plupart d'entre eux ne proviennent pas d'une famille gay et doivent supporter isolément les effets de la discrimination sans le soutien des proches.

Cette absence de socialisation dans une culture minoritaire fait que l'addition des expériences individuelles n'arrive que rarement à constituer une expérience commune. De surcroît, les références homo-érotiques dans la littérature et l'histoire ont été systématiquement occultées[79] et ce n'est que très récemment que certaines universités d'Amérique du Nord

---

[78] J. Boswell, *Christianisme, tolérance sociale et homosexualité. Les homosexuels en Europe occidentale des débuts de l'ère chrétienne au XIVe siècle*, Gallimard, Paris, 1985 (éd. française).

[79] G. Dumezil, en évoquant un cours suivi à la Sorbonne en 1916, écrit : « Un des plus fins connaisseurs de la Grèce ancienne et moderne expliquait *Le Banquet* de Platon aux étudiants de licence. Arrivé à la scène que Victor Cousin avait intitulée noblement 'Socrate refuse les présents d'Alcibiade', il nous mettait en garde : 'Et surtout n'allez pas imaginer des choses'. Imaginez ? Il suffisait de lire, mais à l'évidence, il n'était guère possible de parler de ce qui était encore considéré, dans l'université française comme un vice innommable. » Cité par D. Eribon, *Papiers d'identité*, Fayard, Paris, 2000, p. 125

ont commencé à documenter une histoire de l'homosexualité dépourvue des préjugés homophobes[80].

De plus, comme le souligne E. Goffman, les homosexuels sont une minorité avec un stigmate invisible ou plutôt "invisibilisable"[81]. En effet, jusqu'au *coming out*, chaque gay et chaque lesbienne est considéré hétérosexuel et, s'il est vrai que cela peut constituer un élément favorable pour éviter la discrimination en se confondant avec la majorité, le prix à payer est souvent très élevé. Le stress et l'aliénation d'une double vie poussent certains homosexuels au suicide (chez les adolescents gays, le suicide est quatre à sept fois supérieur que chez les hétérosexuels)[82]. Ces informations n'ont nullement l'intention de victimiser les gays et les lesbiennes, elles tendent tout simplement à comprendre leur spécificité.

Si le climat politique a beaucoup évolué pendant ces trente dernières années en Occident, la situation internationale est loin d'être satisfaisante. En effet, il existe actuellement quatre-vingt-sept pays qui pénalisent encore les relations homosexuelles. Dans les Émirats arabes, au Yémen, en Iran, au Soudan et en Mauritanie, les gays sont condamnés à la peine de mort. Dans d'autres parties du globe comme la Zambie, la Tanzanie, le Kenya, le Pakistan ou l'Afghanistan, c'est la prison à vie qu'ils subissent. En Égypte, en Éthiopie, au Maroc, au Nicaragua

---

[80] Parmi les textes fondateurs des « *Gay and Lesbian Studies* », il convient de citer le livre d'Eve Kosofsky Sedgwick, *Between Men. The English Literature and Male Homosexuality Desire*, en 1985, l'ouvrage de Teresa de Lauretis, *The Practice of Love: Lesbian Sexuality and Perverse Desire* de 1994 et l'anthologie de H. Abelove, M. Barale et D. Halperin, *The Lesbian and Gay Studies Reader* de 1993. En France s'est surtout Didier Eribon qui a œuvré pour l'inscription de cette réflexion dans l'académie.

[81] E. Goffman, *Stigmate les usages sociaux des handicaps* (1963), Minuit, Paris, 1975.

[82] É. Verdier et J-M. Fridion, *Homosexualité & suicide*, H&O éditions, Paris 2003.

ou encore en Libye, la peine peut aller jusqu'à vingt ans de réclusion.

Malheureusement, l'aggravation de la situation internationale est accompagnée d'une politique d'asile de plus en plus restrictive en Occident. Bien que la Convention de Genève de 1951 reconnaisse, par le biais de la jurisprudence, le statut de réfugiés aux lesbiennes et aux gays persécutés, certains pays signataires sont encore réticents à octroyer ce statut.

Jusqu'à récemment on croyait qu'en Europe, le dépassement de l'égalité formelle permettrait finalement aux États de se consacrer à la mise en place des politiques publiques de lutte contre l'homophobie et de sensibilisation contre toutes les formes de discriminations fondées sur l'orientation sexuelle. Mais, l'arrivée des nouveaux membres, comme la Pologne des frères Kaczynski, a constitué un retour en arrière, mettant en question des acquis tels que la liberté d'expression et d'association. En effet, la Cour européenne a condamné ce pays de l'Est à cause de la prohibition d'une marche de défense des droits de gays à Varsovie[83]. Bien que les décisions de la CEDH soient obligatoires pour tous les pays membres du Conseil, le maire de Moscou Yuri Luzhkov après avoir qualifié la *Gay Pride* de rassemblement « satanique » a affirmé que « de même qu'il a l'obligation de combattre l'alcoolisme ou le tabagisme, son gouvernement se doit d'interdire toute manifestation en faveur des homosexuels afin que cela n'exerce pas une influence nocive vis-à-vis des jeunes »[84]. Ainsi, il n'est pas étonnant que la marche de la fierté gay à Moscou soit le scénario répété des nombreuses agressions

---

[83] CEDH, *Baczkski and Others v. Poland*, 3 mai 2007.

[84] http://www.citegay.fr/00/00/244179/content_visu.htm

provenant des groupes ultra-conservateurs religieux et nationalistes, sans que les autorités interviennent.

L'acquis des droits fondamentaux (droit à la vie, droit à l'intégrité physique, droit à la vie privée, droit à la liberté d'association et d'expression...) a été le fruit, en Europe, d'un lent et difficile processus[85]. Entre la dépénalisation de la sodomie effectuée par la Révolution[86] et l'abrogation des dispositions discriminatoires sous la présidence de François Mitterrand, deux siècles se sont écoulés, pendant lesquels (spécialement sous le régime de Vichy), les gays et les lesbiennes continuaient à être persécutés[87].

Au niveau européen, il faut souligner que pendant plus de vingt-cinq ans, entre 1955 et 1981, la CEDH considérait irrecevables les plaintes des gays allemands contre l'article 175 du Code pénal, en statuant que la pénalisation de l'homosexualité tombait dans la marge d'appréciation de l'Allemagne afin de protéger « la santé de la population et d'éviter la perturbation des adolescents. » Cette jurisprudence était particulièrement choquante sachant que les requérants avaient été déportés dans les camps de concentration à cause de cette même disposition pénale. Il a fallu attendre l'an 2000 pour que

---

[85] D. Borrillo, "L'orientation sexuelle en Europe : esquisse d'une politique publique anti-discriminatoire", *Les Temps Modernes* n° 609, Paris, juin-août 2000, pp. 263-282.

[86] Bien que le crime de sodomie eût disparu de la loi pénale en 1791, d'autres dispositions criminelles furent utilisées abusivement par les magistrats, comme les attentats aux bonnes mœurs ou l'attentat à la pudeur, de telles dispositions servaient ont constituées un dispositif efficace de répression contre les homosexuels.

[87] La loi du 6 août 1942 incriminait spécifiquement les relations homosexuelles en créant un nouvel article 334 du Code pénal qui prévoyait des peines de prison pour des « actes impudiques et contre nature » avec un mineur de 21 ans ayant le même sexe que l'auteur. Cet article fut repris par de Gaulle à la Libération le 27 juillet 1945.

ceux qui portaient le triangle rose soient officiellement reconnus comme victimes du nazisme[88].

Une première dépénalisation partielle a eu lieu en 1981. En effet, dans l'affaire *Dudgeon* c/ *Royaume Uni,* la CEDH a statué que la sanction des rapports sexuels entre adultes consentants constituait une violation de la vie privée. Le 26 octobre 1988 dans l'arrêt, *Norris c/ Irlande* ainsi que dans l'affaire *Modinos c/ Chypre* du 22 avril 1993, la Cour confirmera la violation de l'article 8 et condamna respectivement l'Irlande et Chypre en les obligeant à abroger leur législation répressive.

Cependant, la différence d'âge de consentement ainsi que la criminalisation de l'homosexualité dans l'Armée n'étaient pas considérées comme contraires à la Convention. Ainsi, pendant longtemps, la Cour a jugé que, s'agissant des militaires, même âgés de plus de 21 ans, la pénalisation de leur homosexualité pouvait être considérée comme « nécessaire à la protection de la morale et de la défense de l'ordre »[89], reprenant à son compte les arguments avancés par les autorités militaires britanniques. Ce n'est qu'en 1999 que la CEDH opère un changement de sa jurisprudence en stipulant que « ni les investigations menées sur les préférences sexuelles des requérants (militaires) ni la révocation de ceux-ci en raison de leur homosexualité conformément à la politique du ministère de la Défense, ne se justifiaient au regard de l'article 8 de la Convention »[90], sanctionnant ainsi le Royaume-Uni pour violation au respect de la vie privée.

---

[88] L'État français, par la voix de Lionel Jospin, a reconnu le 26 avril 2001 pour la première fois aux homosexuels le statut de victimes du nazisme. Pour une analyse approfondie de la déportation des homosexuels en France, voir le rapport de la Fondation pour la mémoire de la déportation :
http://perso.orange.fr/d-d.natanson/rapportdeporthom.pdf

[89] Requête 10389/83 du 17 juillet 1986, DR 47, p. 72.

[90] *Smith et Grady c Royaume-Uni et Lustig-Frean et Beckett c. Royaume-Uni*, les deux arrêts ont été rendus à la même date, le 27 septembre 1999.

Concernant l'âge de consentement, il faudra attendre une décision du 9 janvier 2003 (affaires *L. et V. c./Autriche. S.L. c./Autriche*) pour que la CEDH condamne la pénalisation d'actes homosexuels entre hommes adultes et adolescents consentants âgés de quatorze à dix-huit ans.

Ces dernières années ce sont surtout les pays de l'Est et des Balkans qui se sont vus condamnés par la CEDH. En 2015, 2020 et 2021, la Géorgie a été sanctionnée pour manque de protection des personnes manifestant pendant le jour de lutte contre l'homophobie. Dans des affaires similaires, la Bulgarie, la Croatie et l'Arménie ont été également sanctionnées par les juges de Strasbourg. Dans l'affaire Berkman contre Russie du 1er décembre 2020, concernant un rassemblement public LGBTI à Saint-Pétersbourg, la CEDH a condamné la Russie pour le manquement par les autorités à en protéger les participants contre des contre-manifestants agressifs.

Au niveau international, les sectes évangéliques d'Ouganda ont fait pression pour que le président Yoweri Museveni promulgue une loi anti-LGBTIQ prévoyant de lourdes peines pour les relations homosexuelles et la « promotion » de l'homosexualité.

Au niveau de l'Union européenne, le chemin vers l'égalité fut lent et compliqué. L'UE a longtemps ignoré le sort des gays et des lesbiennes, considérant que la question n'était pas de sa compétence. Ce n'est qu'en 1997 qu'un texte officiel (le traité d'Amsterdam) introduit l'orientation sexuelle comme une forme spécifique de discrimination prohibée et, trois ans plus tard, une directive obligera les États membres de l'UE à protéger les travailleurs homosexuels contre toutes les formes de discriminations à l'emploi[91]. Cette directive est

[91] Directive 2000/78/CE portant la création d'un cadre général en faveur de l'égalité en matière d'emploi et de travail. Décision du conseil établissant un programme d'action communautaire contre la discrimination (2001-2006).

particulièrement importante, car non seulement elle introduit la notion de discrimination indirecte (permettant ainsi de sanctionner les effets discriminatoires indépendamment de la volonté explicite de discriminer), mais elle produit également un renversement partiel de la charge de la preuve autorisant de surcroît les associations à se porter partie civile dans les cas de discriminations à l'emploi.

Depuis 1999, on imaginait que l'évolution en la matière serait constante et que le passage de la sauvegarde des droits individuels aux questions relatives à la vie familiale[92] n'était qu'une question de temps, mais l'élargissement vers l'Est a constitué un frein à cette évolution. En effet, comment parler de mariage ou d'homoparentalité dans des pays comme la Pologne où l'on refuse aux homosexuels des droits fondamentaux comme la liberté d'association et d'expression ?

Il est significatif à cet égard que la présidence portugaise de l'Union européenne a accepté, le 5 octobre 2007, le refus de l'application contraignante sur le territoire polonais de la Charte des droits fondamentaux des citoyens européens. Varsovie craignait que certains termes à caractère général de la Charte concernant la morale et la famille n'entraînassent des conséquences juridiques « contraires à l'esprit de la législation polonaise. »

La Pologne s'oppose au mariage homosexuel et aux droits des parents de même sexe[93]. En Hongrie, en

---

[92] Dans l'affaire *Karner c. Austria* du 24 juillet 2003, la CEDH reconnaît, aux effets du transfert du bail, le concubinage entre personnes de même sexe.

[93] Le gouvernement conservateur a obtenu de ses 26 partenaires que seule la partie «sociale» du texte, liée au droit du travail, ait une valeur juridique supérieure au droit polonais. Les articles sur les droits individuels et politiques - qui concernent les minorités sexuelles - ne seront donc pas contraignants. La présidence portugaise de l'Union européenne (UE) a publié la version finale du texte, stipulant que « la Charte n'étant pas la faculté de la Cour de justice

Bulgarie ou encore en Roumanie, la question des LGBT est devenue un cheval de bataille des gouvernements conservateurs. Dans plusieurs de ces États de l'UE, des alliances anti-LGBT se sont créées entre « illibéraux », mouvements catholiques intégristes et organisations d'extrême droite.

Plus que d'autres groupes minoritaires, les gays et les lesbiennes se trouvent dépendants des différents changements politiques et des humeurs d'une opinion publique souvent manipulée[94]. Cette fragilité est due à plusieurs raisons, aussi bien intrinsèques qu'extrinsèques.

Raisons intrinsèques : Comme nous l'avons souligné plus haut, la fragilité de la « communauté homosexuelle » n'est pas tant à chercher dans des variables individuelles, mais plutôt dans des situations structurelles qui ont pour origine la difficile transmission d'une mémoire minoritaire et d'un sentiment d'appartenance communautaire très faible. Et même pour ceux qui l'acquièrent, il est toujours tardif (en tout cas jamais pendant l'enfance). Cette absence de sentiment d'appartenance rend impossible une conscience commune, seul moyen efficace pour toute mobilisation politique. En plus le « retour au placard » constitue un repli possible pour les lesbiennes et les gays ; plusieurs homosexuels finissent par se marier et créer une famille pour occulter leur orientation sexuelle. Alors que les minorités visibles ne peuvent pas changer la couleur de

---

de l'Union européenne [...] d'estimer que les lois, règlements ou dispositions, pratiques ou actions administratives de la Pologne ou du Royaume-Uni sont incompatibles avec les droits, les libertés et les principes fondamentaux qu'elle réaffirme. »

[94] En particulier dans les pays arabes où l'influence des islamistes est grandissante. Ainsi, en 2005, *Attadjid*, le journal du MUR (Mouvement de l'Unité et de la Réforme) publiait un article : « Le tourisme sexuel et le tsunami - une alerte préventive au Maroc avant que ce ne soit trop tard. » Ce type d'article apparaît régulièrement dans la presse proche des islamistes mettant en cause notamment les associations de lutte contre le sida, accusées de propager le libertinage et la sodomie par ces campagnes de prévention.

leur peau ou l'orthographe de leurs noms, les gays peuvent toujours « devenir hétérosexuels. »

Sans aller jusqu'à la dissimulation, les gays et les lesbiennes ne dérogent pas à la règle du confort de l'intimité. Comme l'a bien montré le sociologue Albert Hirschman dans son livre *Bonheur privé, action publique*, aux périodes d'expansion politique suivent des périodes de repli dans le bonheur de l'intimité, surtout lorsque l'on a le sentiment qu'il n'y a plus rien à faire[95]. Ce refuge dans l'intérêt privé constitue pour les gays un risque supplémentaire surtout lorsque l'égalité formelle est atteinte comme dans la plupart des pays d'Europe occidentale où, après l'adoption des lois relatives au mariage et à l'homoparentalité, on constate une forte démobilisation des associations. Nous avions déjà assisté à ce repli en matière de lutte contre le sida : l'arrivée des thérapies en 1996 a apporté l'espoir de survivre à l'épidémie, mais a produit également un désengagement politique. Aussi, la plupart du temps le militantisme repose sur l'effort d'individus isolés qui, malgré leur motivation, finissent souvent fatigués à cause de l'absence de soutien institutionnel.

Causes extrinsèques : Dans le même temps que la militance s'affaiblit, le pouvoir conservateur se voit renforcé. Plusieurs exemples mettent en évidence la persistance des attaques contre les acquis en matière d'égalité. Contrairement aux associations gays, les conservateurs jouissent d'une forte culture du pouvoir et d'un sens de l'appartenance aiguisé. Malgré les avancées de la modernité, ils ne se sentent jamais vaincus. Ainsi, le gouvernement polonais a voté une loi afin de prohiber non seulement la présence d'homosexuels dans l'enseignement, mais aussi toute référence à l'orientation sexuelle dans les programmes scolaires.

---

[95] A. Hirshman *Shifting involvement, private interest and public action*, 1982 (*Bonheur privé, action publique*, Hachette, 2006).

Aux États-Unis, la presse a révélé que le laboratoire *Wright* de l'Armée de l'air à Dayton (Ohio) avait sollicité en 1994, 7,5 millions de dollars pour développer une bombe contenant un produit chimique avec effet aphrodisiaque qui produirait un comportement homosexuel et fragiliserait ainsi l'esprit et la discipline des troupes.

En Espagne, le *Fuero de la familia* et l'association *HazteOir* ont sollicité au Parti populaire qu'il inclue la dérogation de la loi relative au mariage homosexuel dans son programme pour 2008. Le fondateur et dirigeant du parti d'extrême droite *Vox*, Santiago Abascal, s'oppose sans détour au mariage égalitaire et fait de son abrogation une promesse électorale en 2018. L'homophobie affichée est devenue un marqueur du parti. Dans un communiqué, *Vox* dénonce la *Gay Pride* comme une « imposition idéologique, nuisant aux droits des habitants, aux normes municipales et profitant des biens et fonds publics. »

La victoire de Trump en 2016 inquiéta la communauté gay surtout lorsque le candidat affirmait : « Je ferai tout ce qui est en mon pouvoir pour protéger nos citoyens de la violence LGBT et de l'oppression d'une idéologie étrangère haineuse. » En 2022, Le gouverneur républicain de Floride, Ron DeSantis, a signé une loi supprimant un statut favorable dont bénéficie le parc d'attractions *Disney World* pour s'être prononcé publiquement contre une loi – dont DeSantis est à l'origine – interdisant d'enseigner des sujets en lien avec l'orientation sexuelle ou l'identité de genre à l'école primaire.

En Turquie, durant la campagne présidentielle et au soir de sa victoire en mai 2023, Recep Tayyip Erdogan a régulièrement critiqué la communauté LGBT+ l'accusant de vouloir détruire les valeurs familiales.

Le président de la République islamique d'Iran, Mahmoud Ahmadinejad, a déclaré lors d'un débat à l'université de Columbia qu'il n'y avait pas d'homosexuels dans son pays alors que les persécutions que subissent les citoyens homosexuels iraniens sont notoires.

La vague d'intégrisme des pays arabes, la croissance des sectes évangéliques en Afrique et en Amérique Latine, mettent en danger l'intégrité de millions de citoyens dont le seul « crime » est de désirer émotionnellement ou sexuellement d'autres personnes de leur propre sexe.

Après l'invasion de l'Ukraine, Poutine s'est lancé dans une violente diatribe anti-gay. Un an auparavant, le président russe avait promulgué une loi visant à bannir de l'espace public toute expression de l'homosexualité. Comme le note A. Chetaille, « à un nationalisme homophile qui place (dans le discours en tout cas) les droits des gays et des lesbiennes au cœur de l'identité nationale ouest-européenne, répond un nationalisme homophobe, dans les pays d'Europe centrale et orientale, qui dénonce la visibilisation de l'homosexualité comme une imposition de l'Ouest, véhiculée notamment par l'UE. »[96]

En guise de conclusion, il faudrait rappeler que, malgré des avancées juridiques et sociales significatives, l'homosexualité demeure la seule catégorie à ne pas avoir acquis en France, ni dans la majorité des pays occidentaux, l'égalité réelle. Sachant que même l'égalité de droit conquise, les inégalités de fait subsistent. Il faudra longtemps pour que la réconciliation des gays et des lesbiennes avec le droit devienne une réalité. L'histoire nous montre que nul n'est à l'abri des retours en arrière. La montée des intégrismes religieux, la mise en question de la laïcité et de la modernité et le retour d'un ordre

[96] A. Chetaille, « Une autre Europe homophobe ? L'Union européenne, le nationalisme polonais et la sexualisation de la division Est/Ouest », *Raisons Politiques*, 2013/1, n° 49.

conservateur, de plus en plus radicalisé ne nous permettent pas de regarder l'avenir avec optimisme.

3. « Je ne veux pas de pédés dans mon cabinet » : quand dire c'est déjà discriminer

Dans la perspective générale des garanties politiques données aux minorités en Europe, la question de l'orientation sexuelle, en tant que forme spécifique de protection des personnes LGBTI, constitue un élément relativement récent dans l'action publique antidiscriminatoire. Depuis la première requête auprès de la Commission des droits de l'homme en 1955, jusqu'à l'élaboration de l'article 13 du Traité de Rome (modifié en 1997 par le Traité d'Amsterdam) et de la directive relative à l'égalité d'orientations sexuelles en matière d'emploi (2000), plusieurs protagonistes politiques - acteurs publics, organisations non gouvernementales, plaignants, consommateurs, intellectuels, etc. - ont fait de la "question LGBTI" un véritable enjeu public dans la construction de l'Europe des citoyens.

C'est après le traitement des problèmes plus classiques tels que le racisme, l'antisémitisme ou la xénophobie que les discriminations fondées sur le sexe, et plus tard celles fondées sur l'orientation sexuelle, deviennent un problème susceptible d'être traité par les instruments juridiques traditionnels de protection des droits de l'homme et des libertés fondamentales. À une première étape d'action judiciaire - organisée principalement à partir des requêtes individuelles auprès des organes d'application de la Convention européenne des droits de l'homme - succède une phase déclarative, caractérisée par l'énonciation de principes provenant d'autorités politiques telles que le Conseil de l'Europe et le Parlement européen. Depuis 30 ans, un véritable programme d'action politique, s'inscrivant pleinement dans l'agenda de la Commission européenne, a succédé aux déclarations de principes.

De l'émergence du problème jusqu'à la prise en compte par les politiques institutionnelles, en passant par sa rationalisation juridique (effectuée tout au long d'un processus d'interaction individuelle, associative et judiciaire), la construction socio-politique de la notion d'orientation sexuelle apparaît comme un révélateur des transformations profondes de matrices paradigmatiques relatives à la liberté individuelle. Considérée comme une infraction par l'ensemble des codes pénaux européens jusqu'aux années 1980 (allant de la contravention au crime), l'homosexualité est aujourd'hui non seulement tolérée, mais, en tant que manifestation du pluralisme sexuel, elle est protégée contre toute intervention discriminatoire de la part des États et/ou des individus. Ce profond bouleversement ainsi que les conséquences politiques qu'il a entraînées dessinent les perspectives des actions publiques européennes contre les discriminations envers les lesbiennes, les bisexuel/les et les gays.

Pendant longtemps le droit communautaire s'est désintéressé du sort des gays et des lesbiennes, ce type d'affaires était traité traditionnellement par la Cour de Strasbourg. Le 30 avril 1996, la situation change sensiblement lorsqu'une femme transsexuelle réussit à convaincre la Cour de justice des communautés européennes (CJCE)[97] que son licenciement constituait une discrimination fondée sur son sexe[98]. Si désormais la notion de discrimination fondée sur le sexe protège les transsexuels, on aurait pu imaginer qu'une telle protection puisse être élargie aux gays, lesbiennes et bisexuel/les. Ce fut l'argument développé par l'avocat de Lisa Grant, une

[97] Affaire *P. c/S. Cornwall Country Council.*

[98] Et donc une violation de la directive 76/207 relative à l'égalité dans le milieu du travail.

femme lesbienne qui décida de saisir la CJCE en invoquant l'article 119 du Traité de Rome sur l'égalité de traitement des sexes[99].

La Cour n'a pas suivi ce raisonnement et a considéré qu'il n'y avait pas de discrimination fondée sur le sexe, mais sur l'orientation sexuelle, écartant ainsi sa juridiction. Cette interprétation de la CJCE a révélé la nécessité d'instruments spécifiques de protection contre les discriminations fondées sur l'orientation sexuelle en droit communautaire. C'est la voie empruntée par le traité d'Amsterdam du 20 octobre 1997 lorsqu'il introduit un nouvel article 13 ainsi rédigé : « Sans préjudice des autres compétences qui sont conférées à la Communauté, le Conseil, statuant à l'unanimité sur proposition de la Commission et après consultation du Parlement européen, peut prendre toute action appropriée pour combattre la discrimination fondée sur le sexe, l'origine raciale ou ethnique, la religion ou les croyances, le handicap, l'âge ou l'orientation sexuelle.»

Ce principe a vu son application dans la directive 2000/78/CE du 27 novembre 2000 relative à la discrimination en matière d'emploi qui interdit de traiter un salarié différemment d'un autre en raison de son origine raciale ou ethnique, de sa religion ou de ses convictions, de son âge, de son handicap ou de son orientation sexuelle ainsi qu'un programme d'action visant à renforcer la coopération avec les États membres et la société civile.

Nous nous concentrerons sur l'une des dernières décisions et des plus significatives de la CJUE : l'arrêt du

[99] Un argument similaire fut utilisé par l'avocat d'un employé gay de la *Royal Marine* Britannique lorsqu'il invoque une discrimination fondée sur le sexe et demande l'application de l'article 5 de la directive 76/207/CEE (concernant les discriminations relatives aux conditions de licenciement).

23 avril 2020 *NH/Associazione Avvocatura per i diritti LGBTI – Rete Lenford.*

Le droit européen de la non-discrimination permet d'engager la responsabilité de l'employeur dans les cas de discriminations directes, de discriminations indirectes, lorsqu'il existe une injonction à discriminer, un harcèlement discriminatoire, un défaut d'aménagement raisonnable ou encore une discrimination par association.

Désormais, l'annonce publique d'une discrimination future peut, sous certaines circonstances, être également considérée comme une forme de discrimination directe selon la Cour de justice de l'Union européenne. Il s'agit à la fois d'une atteinte à l'égal accès à l'emploi consistant à écarter un individu en raison de son orientation sexuelle et d'un refus potentiel d'embauche assumé par celui qui se présente publiquement comme responsable d'une politique d'emploi de l'entreprise.

Depuis 2008, la Cour était arrivée à la conclusion que les déclarations indiquant ne pas vouloir des ouvriers d'origine étrangère constituaient une forme de discrimination[100] et en 2013, les propos homophobes avaient été retenus par la Cour comme faisant partie des « faits qui permettent de présumer l'existence d'une discrimination »[101]. C'est dans la suite de ces décisions que la CJUE s'est prononcée le 23 avril 2020, en formation plénière (Grande Chambre) par la voie d'une question préjudicielle dans une affaire concernant les déclarations discriminatoires d'un avocat italien[102]. Au cours d'une émission radiophonique à diffusion nationale,

---

[100]Arrêt de la CJUE (deuxième chambre) du 10 juillet 2008, *Centrum voor gelijkheid van kansen en voor racismebestrijding contre Firma Feryn NV.*

[101] Arrêt du 25 avril 2013, *Asociatia Accept contre Consiliul Naţional pentru Combaterea Discriminării.* (C-81-12, EU : C2013 :275).

[102] Pour une analyse des décisions de la Justice italienne voir : F. Bilotta, « La discrimazione diffusa e i poteri sanzionatori del giudice », *Responsabilità Civile e Previdenza*, n°1 2018 p. 69-104.

cet avocat expérimenté avait affirmé que jamais il ne recruterait ni ne voudrait faire travailler dans son cabinet une personne homosexuelle. Au moment où il a tenu ces propos, aucune procédure de recrutement n'était en cours au sein de son cabinet d'avocats. Toutefois, *l'Associazione Avvocatura per Diritti LGBTI - Rete Lenford* - a agi en justice contre l'avocat sollicitant la publication des extraits de la décision de condamnation dans un quotidien national, l'élaboration d'un plan visant à éliminer la discrimination et le payement des dommages et intérêts à l'association pour un préjudice non-patrimonial. En première instance, le tribunal de Bergame (siégeant en tant que juge du travail) a constaté que l'avocat a agi illégalement, de manière discriminatoire, et l'a condamné à payer 10.000 euros de dommages et intérêts à l'association[103]. La cour d'appel de *Brescia* a rejeté l'appel interjeté par l'avocat qui s'est alors pourvu en cassation.

La Cour de cassation italienne a décidé de sursoir à statuer et a saisi la CJUE de plusieurs questions préjudicielles. Le renvoi témoigne sans nul doute du refus pour la cassation d'assumer seule une jurisprudence probablement créatrice de polémiques.

Il s'agit notamment de savoir si l'association est une entité représentative d'intérêts collectifs aux fins de l'article 9, paragraphe 2, de la *directive 2000/78 du 27 novembre 2000 portant création d'un cadre général en faveur de l'égalité de traitement en matière d'emploi et de travail*, et, partant, a la qualité pour agir contre l'avocat.

La Cour de cassation demande également si les déclarations de l'avocat relèvent du champ d'application

[103] M. Gattuso, "La prima condanna in Italia per discriminazione fondata sull'orientamento sessuale: un caso esemplare", *GenIus, Rivista di studi giuridici sull'orientamento sessuale e l'identità di genere*, 2014: http://www.articolo29.it/2014/prima-condanna-in-italia-per-discriminazione-fondata-sullorientamento-sessuale-caso-esemplare/

de la directive en ce qu'elles concernent « l'emploi », ou si elles doivent être considérées comme la simple expression d'une opinion, sans rapport avec une procédure de recrutement discriminatoire.

D'une manière générale, le renvoi préjudiciel apparaît, dès l'origine, comme l'instrument de la spécificité de l'ordre juridique de l'Union. Il permet et garantit avec succès l'interpénétration du droit de l'Union et des droits nationaux. Il assure la protection de l'ordre juridique comme celle des droits des personnes privées. La Cour n'hésite pas à en faire la « clé de voûte du système juridictionnel en instaurant un dialogue de juge à juge, précisément entre la Cour et les juridictions des États membres »[104]. Rappelons-nous que l'arrêt rendu sur renvoi préjudiciel en interprétation lie la juridiction qui a saisi la Cour et les autres juridictions qui statueront dans le même litige. Dans la mesure où la Cour précise le sens d'une disposition de l'Union, son interprétation s'impose à l'ensemble des juridictions nationales qui auront à connaître la même question.

Les questions préjudicielles posées à la CJUE par la Cour de cassation italienne renvoient à deux thèmes fondamentaux en matière de droit de la non-discrimination, l'un sur le fond et l'autre sur la forme.

Il s'agissait de savoir si *l'Associazione Avvocatura per i Diritti LGBTI, Rete Lenford* était légitime à agir en justice en vue de faire respecter les obligations découlant de la directive 2000/78 dès lors qu'aucune victime n'était identifiable et, sur le fond, si les déclarations effectuées par une personne au cours d'une émission radiophonique pouvaient rentrer dans le champs d'application de la directive en ce qui concerne les « conditions d'accès à l'emploi et au travail » mentionnées sous son article 3 ou

---

[104] CJUE, Ass. Pl., avis 2/13 du 18 décembre 2014, pt 176.

si, au contraire, elles pouvaient être considérées comme la manifestation de la liberté d'expression. Autrement dit, peut-on estimer que dire que l'on va discriminer, c'est déjà discriminer ?

Avant de rentrer dans l'analyse de la décision de la CJUE et afin de mieux comprendre l'importance de sa portée, nous commençons par expliquer le changement paradigmatique de la procédure en matière de discriminations et en particulier la doctrine de l'intérêt diffus. Née dans le droit de l'environnement, la notion d'intérêt diffus[105] pourrait s'élargir aux questions de discriminations. En effet, l'égalité des chances et l'égalité de traitement en matière d'emploi constituent un intérêt d'importance générale et sociale en tant qu'élément essentiel de la citoyenneté européenne[106].

Pour comprendre certains litiges en matière de discriminations, il faut se défaire de l'archétype du litige civil présenté comme le désaccord des volontés individuelles relativement à un objet donné. Un conflit justifiant l'intervention judiciaire n'est donc pas nécessairement un conflit de personnes (différend), il peut n'être qu'un conflit d'intérêts. Il suffit alors, comme le souligne la doctrine, d'une prétention susceptible de porter atteinte à un intérêt au moins partiellement distinct de celui de son auteur[107]. Les discriminations sont souvent par nature opaques.

---

[105] Il n'existe pas de définition univoque de cette notion, mais, d'une manière générale, la doctrine est d'accord pour affirmer que l'intérêt diffus est celui dépourvu d'un seul titulaire et que l'on peut attribuer à une généralité de sujets. Il permet une protection à certains intérêts des sujets qui ne coïncident pas ni avec le sujet privé de la tradition civiliste ni avec le sujet public.

[106] M. Sweeney, « Le principe d'égalité de traitement en droit social de l'Union européenne : d'un principe moteur à un principe matriciel », *Revue française des affaires sociales*, n° 1, 2012, pp. 42-61.

[107] L. Cadiet, J. Normand et S. Amrani Mekki, *Théorie générale du procès*, PUF, « Thémis droit », 2010, p. 294.

Dans l'affaire en question, ce qui compte c'est moins l'existence d'un différend opposant deux personnes que l'existence d'une situation qui porte atteinte à l'égalité des chances dans le marché de l'emploi.

La doctrine de l'intérêt diffus en matière de discriminations vient ainsi répondre à une demande de justice sociale dans l'accès au droit. Soulignons que cette affaire est la première qui arrive devant les tribunaux italiens depuis l'adoption de la directive en 2003, ce qui met en évidence la difficulté à poursuivre et à condamner les discriminations fondées sur l'orientation sexuelle en Italie.

La protection contre les discriminations à l'emploi *lato sensu* pourrait constituer un intérêt diffus au nom duquel les particuliers n'agissent pas toujours ou ne sont pas en position d'agir. Il conviendrait dès lors que les organisations non gouvernementales qui œuvrent en faveur de la protection des personnes LGBTI aient elles aussi la possibilité de contribuer de manière adéquate à la mise en œuvre effective de la directive[108]. Les intérêts diffus concernent un groupe plus ou moins étendu de personnes, ayant un certain nombre de caractéristiques communes, en l'occurrence l'orientation sexuelle, unies par un intérêt commun et partageant une communion de fait dans l'exploitation ou la jouissance d'un droit, en l'occurrence l'accès à l'emploi. Les titulaires des intérêts diffus sont ainsi indéterminés (et dans la plupart des cas, indéterminables), ils sont à peine unis par des circonstances de fait (et non pas par un rapport juridique). Cet intérêt d'un groupe indéfini (diffus) devient collectif lorsqu'il accède à une protection juridictionnelle.

La doctrine de l'intérêt diffus a permis de déroger aux conditions classiques de la qualité à agir : intérêt

[108] CJUE, arrêt du 25 avril 2013, *Asociatia Accept* (points 24, 30, 36 et 37).

personnel, direct et actuel pour pouvoir exercer l'action dans l'intérêt des tiers y compris sans délégation[109].

Le titulaire des intérêts diffus (et de l'intérêt collectif) est la communauté et non pas l'individu. F. Bilotta a très bien analysé la difficulté à intégrer la théorie de l'intérêt diffus (ne relevant ni d'une protection exclusivement individuelle ni de la catégorie de l'intérêt public) tellement il existe encore en droit continental une habitude à raisonner de manière binaire en considérant que l'intérêt est privé ou public et, partant, peut agir soit la victime soit le ministère public. L'auteur propose de s'inspirer du droit européen de la consommation à partir de « *una sorta di misura inhibitoria, consistente nell'avvisare tutti i futuri interessati al posto de lavoro che sono a rischio di discriminazione* » (une sorte de mesure inhibitrice, consistant à avertir tous les futurs candidats à l'emploi qu'ils risquent d'être victimes de discrimination)[110].

Nous sommes face à un cas paradigmatique de dommage futur qui ne doit pas se confondre avec le dommage éventuel en ce sens que sa réalisation est certaine : atteinte à l'accès au marché de l'emploi. La victime n'est pas identifiée puisqu'il s'agit de ceux ou celles qui seraient en mesure de postuler à un poste dans le cabinet d'avocats en question. Si le préjudice futur est en quelque sorte une circonstance aggravante d'un mal présent, il est en tant que tel susceptible de réparation anticipée puisque l'on a la certitude qu'il se réalisera.

---

[109] En tant que règle de procédure, l'intérêt est avec la qualité pour agir, l'une des conditions de la recevabilité des requêtes : « Proches au point parfois de se confondre, intérêt et qualité se distinguent en ce que la qualité tient à la capacité du requérant, considéré en lui-même, à ester en justice ou à représenter une autre personne au nom de laquelle il agit, tandis que l'intérêt concerne la possibilité d'introduire un recours déterminé. La qualité touche à la personne du requérant, l'intérêt à l'action qu'il engage. » D. Alland et S. Rials (Ed.), *Dictionnaire de la culture juridique*, PUF, Paris, 2003, p. 837.

[110] F. Bilottta, op. cit. p. 84.

La proposition de F. Bilotta permettrait d'instaurer un climat juridique infiniment plus propice à accueillir des raisonnements anti-discriminatoires dans la mesure où elle conduit à prendre acte au tout premier chef de la situation effective des personnes actuelles ou futures. Défendre des intérêts diffus signifie faire plier les traditionnelles structures individualistes de protection en favorisant une action méta-individuelle comme celle menée par *l'Associazione Avvocature per i diritti LGBTI.*

Les précédents : Comme nous l'avons signalé plus haut, la CJUE s'était déjà prononcée sur la question dans une situation analogue relevant de la directive 2000/43 relative à la « mise en œuvre du principe de l'égalité de traitement entre les personnes sans distinction de race ou d'origine ethnique. » En l'occurrence, l'affaire portait sur les déclarations du responsable de la société belge *Feryn* lequel avait déclaré lors de plusieurs interviews accordées à des journaux et à la télévision qu'il ne voulait pas embaucher de Marocains en raison des réticences de la clientèle à leur donner accès, le temps des travaux, à leur domicile privé. Dans un arrêt du 10 juillet 2008, les juges de Luxembourg ont considéré que ces déclarations publiques d'un employeur sur sa volonté de ne pas embaucher de travailleurs immigrés constituaient bien une discrimination directe à l'embauche au sens de la directive 2000/43 CE et ce même en l'absence de plaignant identifiable. Nous pouvons considérer cela comme une nouvelle forme de discrimination par annonce publique d'une discrimination future : ces déclarations publiques suffisent à présumer, au sens de la directive, l'existence d'une politique de recrutement directement discriminatoire[111].

[111] M. Schmitt, Répertoire de droit du travail : Droit du travail de l'Union européenne, *Dalloz.fr*

En 2013, la CJUE s'est prononcée sur une question analogue relevant non pas de la race (directive 2000/43), mais de l'orientation sexuelle (directive 2000/78) et sa réponse s'inscrit, en toute cohérence, avec ses décisions précédentes. En effet, dans l'affaire *Asociata Accept*, la CJUE avait considéré que les déclarations homophobes du « patron » d'un club de football professionnel pouvaient faire peser, sur ce club, la charge de prouver qu'il ne mène pas une politique d'incorporation discriminatoire même si ces propos étaient tenus par un ancien dirigeant du club qui ne pouvait pas engager une procédure d'embauche au moment où il les avait tenus[112]. De surcroit, la Cour rappelle à titre liminaire un aspect important du contentieux anti-discrimination de l'Union qui est la forme d'*actio popularis* dont sont en droit d'être investies les associations de défense des droits LGBTI (art. 9 § 2 de la directive 2000/78/CE). L'existence d'une discrimination prohibée au sens de la directive ne suppose pas que soit identifiable un plaignant soutenant qu'il a été victime d'une telle situation[113], et le droit de l'Union ne s'oppose bien évidemment pas à ce qu'un État membre prévoie l'intérêt pour agir « pour compte de tiers » d'associations militant pour la mise en œuvre de la directive. De même, la Cour éclaircit la situation quant à la capacité d'engager la responsabilité du club par la personne qui a tenu les propos discriminatoires puisqu'il avait cédé les actions du club qu'il détenait. Cependant, la Cour considère qu'aux yeux de l'opinion publique cette personnalité s'est donné

[112] C. Danisi, "Lavoro, assunzioni e omofobia alla Corte di Giustizia", *GenIus, Rivista di studi giuridici sull'orientamento sessuale e l'identità di genere*, 2013:
http://www.articolo29.it/2013/la-prima-applicazione-della-direttiva-200078-alla-discriminazione-subita-da-una-persona-omosessuale-in-materia-di-assunzione-la-sentenza-c-8182-della-cgue/

[113] Arrêt du 25 avril 2013, *Asociatia Accept* (C-81-12, EU : C2013 :275, point 37.

l'apparence d'un décideur de la politique du club ce qui l'a rendu responsable. Cette sorte de théorie de l'apparence impose, selon la Cour, que les juridictions nationales vérifient si les déclarations litigieuses n'étaient pas susceptibles d'engager également le club.

L'affaire *« NH c./ Associazione Avvocature per i Diritti LGBTI Rete Lenford » :* À la lecture de ces deux arrêts qui précèdent celui qui fait l'objet de notre analyse, il est permis de dégager un certain nombre de principes qui guideront le raisonnement du juge luxembourgeois. Tout d'abord, la responsabilité est engagée par toute personne qui se présente devant l'opinion publique ou qui est perçue dans les médias comme ayant un poste de responsabilité au sein d'une entreprise[114] (dans le sens large du terme) privée ou publique, indépendamment du fait que ladite personne ait une capacité juridique quelconque dans la procédure d'embauche au sein de l'entreprise[115]. Il suffit que la déclaration discriminatoire soit publique et peu importe si celui qui la profère le fait en qualité d'employeur ou en tant que simple citoyen tout comme le fait que lesdites déclarations soient attachées ou pas à un contexte professionnel effectif[116]. Peu importe également qu'il existe, au moment de la déclaration discriminatoire, une procédure de recrutement ou une offre d'emploi en cours. De même, depuis l'affaire *Danosa*, les juges de la CJUE considèrent que les directives anti-discrimination s'appliquent non seulement aux employés et aux travailleurs, mais aussi aux autoentrepreneurs et aux professions libérales[117].

---

[114] Point 74 1) Arrêt du 25/04/2013, *Asociatia Accept.*

[115] Point 50 Arrêt du 25/04/2013, *Asociatia Accept.*

[116] Point 20 (arrêt du 23/04/2020 Affaire C-507/18 *Associazione Avvocatura per i Diritti LGBTI.*

[117] C-232/09 *Dita Danosa contre LKB Līzings SIA* (C-232-09 2010).

Le seul moyen de pouvoir écarter la responsabilité de l'entreprise est sa prise de distance avec les déclarations en cause, autrement celles-ci peuvent constituer un indice valable dans l'appréciation globale des faits discriminatoires[118]. De même, prétendre que dans le passé l'entreprise aurait embauché des personnes homosexuelles ne permet pas de renverser la charge de la preuve sans porter atteinte au respect de la vie privée[119]. Aussi, l'absence d'un plaignant identifiable ne fait pas obstacle à ce qu'une association puisse agir pour faire respecter l'interdiction de discrimination en matière d'emploi et de travail[120].

Enfin, la notion « d'accès à l'emploi » protégée par la directive 2000/78 doit être interprétée selon la Cour de manière large eu égard à la nature des droits que ladite directive entend protéger ainsi qu'aux valeurs fondamentales qui la sous-tendent. Il ne s'agit pas seulement d'éviter la discrimination, mais, d'une manière proactive, de créer un climat inclusif pour les personnes LGBTI[121].

L'esprit de la directive est celui de garantir l'égalité des chances pour tous et de contribuer à la pleine participation des citoyens à la vie économique, culturelle et sociale, ainsi qu'à l'épanouissement personnel. Comme le note Giuseppe Ferraro, « l'objectif que s'est fixé la directive est d'établir un ensemble de lois efficaces contre cette forme de discrimination, condition nécessaire pour éliminer les cas de traitement inéquitable. Toutefois, cette tâche ne peut s'épuiser dans la seule garantie de protection en fonction des catégories qui font l'objet d'une

---

[118] Point 50, Arrêt du 25/04/2013, *Asociatia Accept.*

[119] Point 74 2) Arrêt du 25/04/2013, *Asociatia Accept.*

[120] Arrêt du 10 juillet 2008, *Feryn*, points 15 à 17 et 25 à 28.

[121] D. Borrillo et Th. Formond, *Homosexualité et discriminations en droit privé*, La Documentation française, Paris, 2007.

discrimination, mais implique également la nécessité d'instaurer un climat dans lequel les personnes sont dissuadées de se comporter de manière injuste envers d'autres personnes en raison de leur orientation sexuelle » (« *l'obiettivo che la diretiva si è prefisso è qu.ello di stabilire un insieme di leggi efficaci contro tale forma di discriminazione, condizione necessaria per eliminare i casi di trattamento iniquo. Tale compito, peraltro, non puo dirsi esaurito esclusivamente nella garanzia di protezione per colore che sono oggeto di discriminazione, ma comporta altresi la necessità di determinare l'instaurazione di un clima nel quale le persone siano scoraggiate dal porre in essere comportamenti inique nei confronti di altri soggetti sulla base del loro orientamento sessuale.* »)[122]

Les propos tenus par l'avocat constituent une barrière à l'établissement d'un tel climat, ils sont de nature à dissuader une personne LGBTI de présenter sa candidature à un poste chez cet employeur. En ce sens, la Cour avait déjà donné une définition large de « l'accès à l'emploi » en établissant que « la notion d'accès à un emploi ne concerne pas seulement les conditions existant avant la naissance d'une relation de travail », mais aussi les facteurs qui influencent la décision d'une personne d'accepter ou non une offre d'emploi[123]. Dans l'affaire *Feryn*, l'avocat général avait déjà soulevé la question en soulignant : « une déclaration publique de la part d'un employeur indiquant que les personnes d'une certaine origine raciale ou ethnique ne doivent pas poser leur

---

[122] G. Ferraro e G. M. Monda, La promozione della parità di trattamento: in S. Fabeni e M. G. Toniollo, *La discriminazione fondata sull'orientamento sessuale. L'attuazione della direttiva 2000/78/CE e la nuova disciplina per la protezione dei diritti delle personne omosessuali sul posto di lavoro*, Ediesse, Roma, 2005, p. 450.

[123] Voir à cet égard arrêt du 13 juillet 1995, Meyers (C-116/94, EU:C:1995:247, point 22).

candidature a un effet qui est loin d'être hypothétique. Ne pas qualifier cette déclaration d'acte de discrimination reviendrait à ignorer la réalité sociale selon laquelle de telles déclarations ont un effet humiliant et démoralisant sur les personnes de cette origine qui veulent participer au marché de l'emploi et, en particulier, sur ceux qui souhaiteraient travailler pour l'employeur en question. »[124]

À titre d'exemple, la loi française n° 2017-86 du 27 janvier 2017 sur l'égalité et la citoyenneté a instauré une obligation de formation périodique à la non-discrimination dans les entreprises d'au moins 300 salariés. De même, l'action du Défenseur des droits en la matière permet de mieux comprendre l'enjeu de la question relative à la création d'un climat *LGBTI friendly* dans le marché de l'emploi. En effet, cet organisme public de rang constitutionnel promeut la signature d'une charte d'engagement LGBT auprès des entreprises et de la fonction publique. Ainsi des marques telles que Volvo, Orange ou Casino et des organisations syndicales ont publié des guides spécifiques dédiés à la lutte contre l'homophobie au travail. De même, Air France-KLM et les ministères sociaux se sont engagés dans des campagnes d'affichages internes et d'action de visibilisation des employés LGBTI. Il s'agit également de sensibiliser et former l'ensemble du personnel afin de créer un environnement inclusif pour les personnes LGBTI. En ce sens, l'article L.1131-2 du Code du travail contient une obligation de formation à la non-discrimination pour toutes les personnes chargées du recrutement dans les entreprises[125]. Ces exemples montrent bien qu'en matière

---

[124] Conclusions de l'avocat général Poiares Maduro dans l'affaire Feryn (C-54/07, EU:C:2008:155, point 15).

[125] Défenseur des droits, Agir contre les discriminations liées à l'orientation sexuelle et à l'identité de genre dans l'emploi, Guide 2017 :

d'emploi il s'agit d'aller au-delà de la répression des discriminations en envisageant une véritable politique de prévention qui favorise un « écosystème » inclusif où il est même question d'encourager le *coming out* dans l'entreprise[126].

Concernant les limites à la liberté d'expression, l'article 10 de la Convention européenne de sauvegarde des droits de l'homme consacre le droit à la liberté d'expression pour tout de suite spécifier que cette liberté peut être soumise à des restrictions. S'agissant des limites, toute restriction doit obéir aux trois critères suivants : être prévue par la loi, être nécessaire et poursuivre des buts légitimes, en l'occurrence la réalisation d'un niveau d'emploi et de protection sociale élevé[127]. De même, l'article 52, paragraphe 1, de la Charte des droits fondamentaux de l'UE dispose que « toute limitation de l'exercice des droits et libertés reconnus par la présente Charte doit être prévue par la loi et respecter le contenu essentiel desdits droits et libertés. Dans le respect du principe de proportionnalité, des limitations ne peuvent être apportées que si elles sont nécessaires et répondent effectivement à des objectifs d'intérêt général reconnus par l'Union ou au besoin de protection des droits et libertés d'autrui. »

La CJUE rappelle que les limites à la liberté d'expression qui découlent de la directive 2000/78 « sont bien prévues par la loi, dès lors qu'elles résultent directement de cette directive » (point 50, arrêt du 23/04/2020. Affaire C-507/18 *Associazione Avvocatura*

---

https://www.defenseurdesdroits.fr/sites/default/files/atoms/files/agir_contre_les_discriminations_liees_a_lorientation_sexuelle_et_a_lidentite_de_genre_dans_lemploi_0.pdf

[126] « Le choix du *coming out* en entreprise », Enered 2018 : https://www.edenred.fr/votre-quotidien/ressources-humaines/le-choix-du-coming-out-en-entreprise

[127] Point 51 arrêt du 23/04/2020 Affaire C-507/18 *Associazione Avvocatura per i Diritti LGBTI*

per i Diritti LGBTI). Aussi, comme le souligne l'avocat général, « un *employeur* ne peut donc pas déclarer qu'il ne recruterait jamais de personnes LGBTI, ou de personnes handicapées, ou de chrétiens, de musulmans ou de juifs, puis invoquer la liberté d'expression comme moyen de défense. En faisant une telle déclaration, il n'exerce pas son droit à la liberté d'expression. Il énonce une politique de recrutement discriminatoire »[128]. La directive ne limite nullement la liberté d'expression en général, elle se borne à prohiber l'expression discriminatoire uniquement dans le cadre du travail et de l'emploi.

Au-delà du champ d'application de la directive, il est clair que les mots utilisés par l'avocat mettent en évidence la volonté de porter atteinte à l'honneur des personnes LGBTI. Il avait déclaré : « *gli omosessuali mi danno fastidio".* Si ces propos avaient été proférés en France, ils tomberaient sous le coup de la loi pénale du 30 décembre 2004 contre les injures à caractère homophobes, punissables par une peine pouvant aller jusqu'à 1 an de prison et une amende de 45.000€. La sanction s'explique par la gravité de l'infraction. Comme le souligne D. Eribon : « Au commencement, il y a l'injure, c'est-à-dire le rapport que les gays et les lesbiennes (et, d'une manière plus générale, les minoritaires), entretiennent avec le monde qui les entoure. L'instant fatal de la rencontre avec l'injure ('sale pédé'), qui intervient plus ou moins tôt dans une existence, est tout à fait décisif, constitutif même, dans la vie de tout gay. Ce 'choc de l'injure', poursuit le philosophe, que l'on reçoit un jour nous apprend en effet que l'on est quelqu'un qui est non seulement insulté sur le moment, mais qui sera à tout jamais insultable : on découvre que ce qu'on est au plus profond de soi-même va être soumis à l'injure, à l'ostracisme, et parfois à

[128] Concl. Avocat Général point 62.

l'agression physique, etc. Cela marque profondément la subjectivité d'un individu. Cela finit par définir son être-même. Mais si les mots peuvent ainsi blesser la première fois qu'on les reçoit, c'est aussi parce qu'on en connaît le sens, la valeur de stigmatisation, et ceci pour la simple raison qu'on a toujours déjà entendu ce vocabulaire depuis l'enfance. Et on comprend que l'identité dévalorisée, moquée, insultée, c'est celle que l'on va venir habiter soi-même. »[129]

Les propos de l'avocat recouvrent une intention assumée et consciente d'écarter un potentiel candidat en raison de son homosexualité. Il mobilise pour ce faire des stéréotypes et des préjugés qui n'ont aucun lien avec les qualités requises pour travailler dans un cabinet d'avocats.

Sur la question posée à la CJUE, de savoir si les déclarations publiques contraires aux personnes homosexuelles rentrent dans le champ d'application de la directive même en dehors de toute procédure d'embauche, la Cour a répondu que : « La notion de 'conditions d'accès à l'emploi [...] ou au travail' contenu dans l'article 3 - paragraphe 1, sous a) - de la directive 2000/78/CE du Conseil, du 27 novembre 2000, portant création d'un cadre général en faveur de l'égalité de traitement en matière d'emploi et de travail, doit être interprétée en ce sens que relèvent de cette notion des déclarations effectuées par une personne au cours d'une émission radiophonique satirique, selon lesquelles jamais elle ne recruterait ni ne ferait travailler des personnes d'une certaine orientation sexuelle dans son entreprise, et ce alors qu'aucune procédure de recrutement n'était en cours ou programmée, à condition que le lien entre ces déclarations et les conditions d'accès

---

[129] Face au « choc de l'injure ». Entretien paru dans *L'Humanité-Dimanche*, Paris, le 13 décembre 2012.

à l'emploi ou au travail au sein de cette entreprise ne soit pas hypothétique. »

Concernant la première question posée par la Cassation à la Cour, à savoir si une association d'avocats dont l'objet statutaire consiste à défendre en justice des personnes LGBTI et indépendamment de son but lucratif éventuel, se trouve légitimée pour engager automatiquement une procédure juridictionnelle visant à faire respecter la directive et, le cas échéant à obtenir un dédommagement, la Cour a répondu que : « La directive 2000/78 doit être interprétée en ce sens qu'elle ne s'oppose pas à une réglementation nationale en vertu de laquelle une association d'avocats dont l'objet statutaire consiste à défendre en justice les personnes ayant notamment une certaine orientation sexuelle et à promouvoir la culture et le respect des droits de cette catégorie de personnes a, du fait de cet objet et indépendamment de son but lucratif éventuel, automatiquement qualité pour engager une procédure juridictionnelle visant à faire respecter les obligations découlant de cette directive et, le cas échéant, obtenir réparation, lorsque se produisent des faits susceptibles de constituer une discrimination, au sens de ladite directive, à l'encontre de ladite catégorie de personnes et qu'une personne lésée n'est pas identifiable. »

La Cour fait une interprétation large à la fois de la notion de discrimination et de la légitimité à agir au nom d'un intérêt diffus. La norme est claire : des déclarations homophobes constituent une discrimination en matière d'emploi et de travail lorsqu'elles sont prononcées par une personne qui a ou peut être perçue comme ayant une influence déterminante sur la politique de recrutement d'un employeur. Si ce type de déclarations échappaient au champ d'application de la directive 2000/78 « au motif qu'elles ont été effectuées en dehors d'une procédure de recrutement (...), c'est l'essence même de la protection accordée par ladite directive en matière d'emploi et de travail qui pourrait devenir illusoire », souligne la Cour[130].

Pour répondre à la Cassation italienne, les juges de Luxembourg ont effectué une interprétation contextuelle de la directive qui permet de trouver ce qui est juste dans le cas concret, pour reprendre l'expression de G. Gadamer[131]. À partir de cette herméneutique, la Cour s'est adonnée à un raisonnement consistant à comprendre la notion de « condition d'accès à l'emploi ou au travail » non pas comme l'acte matériel de recrutement *stricto sensu,* mais comme un environnement social dans lequel la parole a le pouvoir de faire les choses, pour reprendre l'expression d'Austin[132], surtout lorsque l'émetteur de l'énoncé se présente publiquement comme détenteur d'une autorité, en l'occurrence celle de recruter ou de ne pas recruter quelqu'un en raison de son orientation sexuelle.

Concernant la légitimation à agir, la Cour procède à une interprétation de l'intérêt collectif dans un sens objectif c'est-à-dire comme pouvant être séparé de celui de l'individu directement lésé, c'est pourquoi la directive dans son article 9§2 permet à une organisation se présentant publiquement comme défenderesse des intérêts de la communauté identifiée, en l'occurrence celle des personnes LGBTI, d'agir en justice pour faire respecter les obligations découlant de la directive. Laura Curcio a souligné que « *gli interessi protetti a mezzo del procedimento giudiziale sono anche interessi de nature diffusa, correlati a un intero grupo sociale esposto alle discriminazioni* » (les intérêts protégés par les procédures

---

[130] Point 54

[131] H.G. Gadamer, *Warheit und Methode*, Tübingen, J.C.B. Mohr, 1960 (p. 368 de la tr. it. *Verità e metodo*, Milano, Bompiani, 1983).

[132] J.L. Austin, *How to Do Things with Words*, Oxford, Oxford University Press, 1962 ; trad. fr. de G. Lane, *Quand dire, c'est faire*, Paris, Seuil,1970

judiciaires sont également des intérêts de nature diffuse, liés à tout un groupe social exposé à la discrimination)[133].

La Cour précise que même si la directive n'impose pas la reconnaissance d'une qualité à agir lorsqu'aucune personne lésée n'est identifiable, elle prévoit la possibilité pour les États membres d'adopter ou de maintenir des dispositions plus favorables à la protection du principe d'égalité de traitement que celles qu'elle contient. Il appartient aux « États membres de préciser dans quelles conditions une association peut engager une procédure juridictionnelle visant à faire constater une discrimination et à la sanctionner. Il leur incombe notamment de déterminer si le but lucratif ou non de l'association doit exercer une influence sur l'appréciation de sa qualité pour agir et préciser la portée d'une telle action ainsi que les sanctions susceptibles d'être prononcées en rappelant toutefois que de telles sanctions doivent être effectives, proportionnées et dissuasives y compris lorsqu'aucune personne lésée n'est pas identifiable ».

Cette qualité procédurale octroyée à une association spécifique devrait permettre au juge national de mieux identifier la discrimination.

En France, après l'ouverture de l'action de groupe en matière de consommation en 2014 et en matière de santé en 2016, la loi n° 2016-1547 du 18 novembre 2016 élargit son champ d'action aux discriminations, à l'environnement, et aux protections des données à caractère personnel. Sans entrer dans le débat relatif à la pertinence de l'action de groupe par rapport à l'affaire que nous analysons, ce qui nous semble important est « la

---

[133] L. Curcio, Legitimazione ad agire nel nostro ordinamento e in particolare nel diritto del lavoro: in S. Fabeni e M. G. Toniollo, *La discriminazione fondata sull'orientamento sessuale. L'attuazione della direttiva 2000/78/CE e la nuova disciplina per la protezione dei diritti delle personne omosessuali sul posto di lavoro*, Ediesse, Roma, 2005, p. 353.

prise en considération que la dimension collective des discriminations s'avère déterminante pour contrecarrer l'inefficacité et la difficulté de la mise en place des remèdes individuels. »[134]

L'action de groupe peut uniquement être exercée par les associations agréées et les associations régulièrement déclarées depuis cinq ans au moins et dont l'objet statutaire comporte la défense d'intérêts auxquels il a été porté atteinte[135]. Il suffit que soit indiquée dans l'objet de l'association la promotion desdits intérêts pour que l'association soit légitime à agir.

Concernant le droit du consommateur, la deuxième chambre civile de la Cour de cassation avait considéré dans un arrêt très novateur du 27 mai 2004, qu'« il résulte des art. 31 NCPC et 1er de la loi du 1er juillet 1901 que, hors habilitation législative, une association ne peut agir en justice au nom d'intérêts collectifs qu'autant que ceux-ci entrent dans son objet social. »

Concernant le contentieux purement civil, les juridictions du fond, plus proches du justiciable, avaient ouvert la voie d'accès à l'action aux associations ordinaires. En effet, à plusieurs reprises, la Cour de cassation française a considéré qu'« une association peut agir en justice au nom d'intérêts collectifs dès lors que ceux-ci entrent dans leur objet social »[136]. Par une décision du 18 septembre 2008, elle avait affiné sa position en soulignant : « Alors que, même hors habilitation législative, et en l'absence de prévision statutaire expresse quant à l'emprunt des voies judiciaires, une association

---

[134] M. J. Azar-Baud, « Action civile et discriminations : l'apport de l'action de groupe », *Droit social* n°4 avril 2020, Paris, *Dalloz*, p. 353.

[135] L. n° 2016-1547 du 18 nov. 2016, art. 63 et CJA, art. L. 77-10-4.

[136] Cass. 2e civ., 5 oct. 2006, n° 05-17602 : Bull. civ. II, n° 255 – Cass. 3e civ., 26 sept. 2007, n° 04-20636 : Bull civ. III, n° 155 – Cass. 1re civ., 18 sept. 2008, n° 06-22038 : Bull. civ. I, n° 201 – Cass. 3e civ., 1er juill. 2009, n° 07-21954 : Bull. civ. III, n° 166.

peut agir en justice au nom d'intérêts collectifs dès lors que ceux-ci entrent dans son objet social. »[137]

L'élargissement de l'action de groupe aux discriminations a permis de consolider par la loi l'interprétation de la Haute cour : Il suffit donc que l'association ait inscrit dans ces statuts la protection d'une catégorie protégée (en l'occurrence l'orientation sexuelle) pour que l'intérêt à agir soit automatiquement reconnu.

Comme la loi française tient compte également du préjudice moral (y compris pour le préjudice collectif), l'annonce de discrimination future en tant que discrimination directe constitue un préjudice collectif futur susceptible d'indemnisation. L'intérêt légitime à agir me semble donc clairement établi autant par l'analogie avec l'action de groupe que par l'interprétation de la Cour de cassation française en matière d'intérêt collectif, sans agir au nom d'un plaignant spécifique ou en l'absence d'une victime identifiable, situations dans lesquelles le critère déterminant la légitimation à agir est celui de l'objet social.

L'impact de la décision de la CJUE semble moins important en France qu'en Italie du fait d'un régime juridique plus protecteur aussi bien sur le plan pénal que civil. Comme nous l'avons souligné, les propos tenus par l'avocat tomberaient sous le coup de la loi pénale et représentent, à n'en pas douter, une discrimination pour le droit français depuis que la Cour d'appel de Paris a considéré dans un arrêt du 21 février 2018 que mettre fin à une période d'essai d'un coiffeur après s'être référé à lui comme étant un « pédé » constitue un licenciement discriminatoire. De même, sur le plan processuel, le droit français n'exige aucune inscription publique préalable

---

[137] Cass. 1er Civ. 18 sept. 2008.

pour les associations. La légitimité à agir provient de ce qui est indiqué dans leur objet social.

Enfin, comme le souligne la directrice juridique du Défenseur des droits, « le traitement collectif des discriminations annonce une nouvelle étape qui verra se développer de nouvelles stratégies d'action. Il semble nécessaire d'encourager de nouvelles formes de mobilisation pour favoriser l'organisation de nouveaux collectifs réunis autour de la mobilisation et de l'action judiciaire. »[138] C'est exactement ce qu'a fait *l'Associazione Avvocature per i diritti LGBTI.*

---

[138] S. Latraverse, « La lutte contre les discriminations au travail par le Défenseur des droits », *Droit social* n° 4 avril 2020, Paris, *Dalloz*, p. 292.

CHAPITRE VI

La liberté familiale

1. Les nouvelles formes de conjugalité

C'est à partir de la lutte contre le SIDA que j'ai développé une réflexion et mené un combat politique pour la reconnaissance juridique et sociale des unions entre personnes de même sexe. Dès les années 1980, avec la montée en puissance de l'épidémie à VIH, de nombreux homosexuels vivant en couple se faisaient expulser du logement commun, suite au décès de leur compagnon, souvent même après plusieurs années de vie commune. La gravité d'une telle situation a engendré progressivement une prise de conscience de l'opinion publique et du Législateur.

L'expulsion abusive du logement n'était que l'une des nombreuses situations pour lesquelles les associations de lutte contre le sida se sont mobilisées. À l'hôpital, le compagnon était fréquemment relégué au rang d'un étranger lors du décès. Le partenaire se voit exclu des obsèques en faveur d'une famille souvent absente auparavant et qui vivait l'homosexualité du fils comme une honte. L'organisation de la succession mettait également à l'écart le partenaire survivant. Alors même que la personne avait pris soin de rédiger un testament au profit de son ami, la réserve et l'imposition confiscatoire sur la quotité disponible rendaient impossible la transmission du patrimoine. Quant au partenaire étranger, il ne bénéficiait d'aucun droit de séjour résultant du lien qui l'unissait à son compagnon de nationalité française et pouvait ainsi être expulsé du territoire français.

Si l'homosexualité n'est jamais source d'une prérogative quelconque, elle était en revanche invoquée pour faire obstacle à la réalisation de droits subjectifs. Ainsi, dans les procédures de divorce, les tribunaux retenaient l'orientation sexuelle des personnes comme un élément à charge. De même, l'absence de reconnaissance du lien homosexuel mettaient les personnes dans une situation de précarité au regard des droits sociaux. Tout aussi injustes étaient les situations dans lesquelles se trouvèrent les couples de même sexe dans leur vie professionnelle : Difficultés à organiser des vacances communes ; impossibilité à obtenir une mutation pour suivre son partenaire ; absence de congés pour les cas de force majeure liés à la vie familiale (décès, maladie...). L'ensemble de ces situations témoignait de l'incontestable précarité juridique et sociale dans laquelle se trouvaient les unions homosexuelles. C'est pourquoi, très rapidement, il nous est apparu nécessaire de revendiquer clairement la reconnaissance juridique du couple homosexuel sans que celui-ci soit dissimulé derrière des fratries ou de simples « duos » comme l'indiquaient les premières propositions de loi. En ce sens, et dans la mesure où il ne concernait que la vie du couple, le PaCS a constitué une étape vers l'égalité des unions homosexuelles. Mais, il ne donna qu'une réponse partielle aux principaux problèmes rencontrés par les concubins de même sexe. En effet, rien ne nous laissait présager à l'époque une évolution positive de la jurisprudence vers l'extension de la notion d'union libre aux homosexuel/les. Dès lors, les couples qui ne souhaitaient pas formaliser leurs liens, pouvaient rester en dehors du droit, alors que les concubins hétérosexuels bénéficiaient d'une protection juridique. Il était par conséquent impératif de régler simultanément la situation des personnes homosexuelles vivant en union de fait. Si, à l'époque, nous revendiquions aussi le concubinage, nous ne pouvions que dénoncer la manœuvre politicienne et conservatrice des sénateurs de droite et des experts de gauche qui consista à ouvrir l'union libre aux personnes de même sexe pour mieux fermer le droit au mariage et à la filiation.

Or, le mariage en tant que prérogative fondamentale de l'individu et des couples est une liberté majeure au même titre que la liberté d'expression, le droit au travail, la propriété privée ou la liberté d'association. Exclure une partie de la population de cette liberté matrimoniale du seul fait de l'orientation sexuelle constituait une discrimination caractérisée. Ceux qui se prononcèrent contre l'élargissement du droit au mariage pour les couples de même sexe utilisèrent des arguments qui tenaient de la logique religieuse ou de la morale et non d'une analyse juridique stricte. Le mariage étant un contrat civil, il avait forcément vocation à s'étendre aux couples indépendamment du sexe des partenaires. Rappelons pour mémoire que les mêmes arguments furent autrefois utilisés pour dénier aux « hérétiques » (esclaves, juifs, protestants, athées ou comédiens) l'accès au mariage. Comme toutes ces minorités, les gays se sont également mobilisés pour obtenir les mêmes droits que les couples hétérosexuels.

2. Le mariage pour tous

François Hollande, alors candidat à la présidence de la République, annonçait dans son programme politique :

« Je veux lutter sans concession contre toutes les discriminations et ouvrir de nouveaux droits : J'ouvrirai le droit au mariage et à l'adoption aux couples homosexuels. »

Suite à cet engagement, le 7 novembre 2012, le Premier ministre soumet au Conseil de ministres le projet de loi « ouvrant le mariage aux couples de personnes de même sexe »[139]. Conformément aux promesses présidentielles, la loi s'inscrit dans une logique de lutte contre les discriminations et d'affirmation du principe d'égalité[140], même si paradoxalement dans l'exposé des motifs aucune mention n'est faite à l'égalité et à la non-discrimination.

Une situation d'infériorité s'est perpétuée pour les couples homosexuels, malgré l'adoption du PaCS[141]. Celui-ci demeurait insuffisant en matière de droits conjugaux, ne garantissant pas, de surcroit, la reconnaissance de liens juridiques de filiation pour les familles homoparentales[142].

En fonction de la loi adoptée en 2013, je vais exposer, dans un premier temps et d'une manière analytique, la portée du texte. Dans un deuxième temps, de manière critique, je vais souligner ses absences et ses carences. Mais avant d'entrer dans l'analyse juridique proprement dite, je propose une mise en perspective historique qui permettra de mieux comprendre les enjeux de la loi.

Contrairement à d'autres pays[143], force est de constater qu'en France, les juges se sont montrés réticents à élargir

---

[139] Enregistré à l'Assemblée nationale sous le n° 344 le 7 novembre 2012.

[140] Pour une analyse approfondie de la question voir : D. Borrillo et Th. Formond, *Homosexualité et discrimination en droit privé,* Paris, La documentation française, coll. « Études et Recherches », 2007.

[141] Loi n° 99-944 du 15 novembre 1999 relative au pacte civil de solidarité et au concubinage, intégrée dans les articles 515-1 à 515-8 du Code civil.

[142] D. Borrillo, " The Pacte Civil de Solidarité in France: Midway Between Marriage and Cohabitation ", in *Legal Recognition of Same-Sex Parterships: A study of National, European and International Law*, R. Wintemute et M. Andenaes, Hart Publishing, Oxford-Portland Oregon, 2001, pp. 475-493.

[143] Comme l'Afrique du Sud, le Brésil, le Canada, plusieurs états des USA à commencer par le Massachusetts…

les droits familiaux existants aux couples de même sexe. Aussi bien la Cour de cassation et le Conseil d'État que le Conseil constitutionnel ont statué de manière restrictive en matière de droits familiaux pour les couples homosexuels. Ainsi, dans une décision du 11 juin 1989, la chambre sociale de la Cour de cassation a refusé la qualité de concubin aux couples de même sexe. Allant ponctuellement à l'encontre de cette jurisprudence, la loi n° 93-121 du 27 janvier 1993, portant diverses mesures d'ordre social, a modifié l'article L. 161-14 du Code de la sécurité sociale pour accorder au concubin homosexuel de l'assuré la qualité d'ayant droit pour l'assurance maladie en tant que personne à charge. Plus tard, le 17 décembre 1997, la Cour de cassation a statué que les couples de même sexe ne pouvaient pas être considérés comme des concubins en matière de transfert du droit de bail. De même, le Conseil d'État s'est opposé à l'agrément à l'adoption pour les personnes homosexuelles[144] et il a fallu que la Cour européenne des droits de l'homme condamne la France, en 2008, pour que cette situation discriminatoire cesse[145].

En 2004, suite au mariage de deux hommes célébré à Bègles par le député-maire Noël Mamère, la Cour de cassation, dans un arrêt du 13 mars 2007, avait considéré que « selon la loi française, le mariage est l'union d'un homme et d'une femme ; que ce principe n'est contredit par aucune des dispositions de la Convention européenne des droits de l'homme et de la Charte des droits fondamentaux de l'Union européenne qui n'a pas en France de force obligatoire.»[146] De même, le Conseil Constitutionnel, dans une question prioritaire de

---

[144] CE n° 168342, 09/10/1996. Cette décision fut confirmée par la CEDH : *Fretté c. France* 26/02/02

[145] Arrêt de Grande Chambre *E.B. c. France* 22/01/08

[146] Cass. 1er Civ, 13 mars 2007.

constitutionnalité (QPC n° 2010-92), avait estimé que le refus du mariage pour les couples de même sexe n'était pas discriminatoire et demeurait donc conforme à la Constitution.

Les juges se sont également systématiquement opposés au droit de filiation pour les familles homoparentales : pas d'adoption simple de l'enfant du conjoint de même sexe[147] ; pas d'inscription dans les registres de l'état civil pour les enfants issus d'une gestation pour autrui[148] ; pas de congé parental pour la compagne pacsée d'une mère lesbienne[149]... Les rares décisions favorables ont eu uniquement lieu lorsqu'il existait déjà un lien de filiation entre une personne homosexuelle et un enfant ou lorsque la première était détentrice de l'autorité parentale. Dans ce cas et au nom de l'intérêt de l'enfant, parfois les juges reconnaissaient certains droits aux familles homoparentales[150].

Face à une justice récalcitrante, c'était donc par l'initiative du gouvernement et au niveau du Législateur qu'une telle entreprise égalitaire prend forme, comme cela avait été suggéré par le Conseil constitutionnel dans une QPC du 28 janvier 2011[151].

---

[147] Cass. 1er Civ. Arrêt n° 221 du 20 février 2007.

[148] Cass. 06/04/2011 (affaire des jumelles nées aux USA).

[149] Cass. 11/03/2010, n° 09-65.853.

[150] Par un arrêt du 24 février 2006, la Cour de cassation rend possible la délégation de l'autorité parentale dans un couple lesbien. De même, dans une décision du 8 juillet 2010, la Cour ordonne l'*exequatur* d'un arrêt de la justice américaine conduisant ainsi au partage de l'autorité parentale entre deux conjoints de même sexe : La solution s'explique dans la mesure où la prohibition de l'adoption par la concubine de la mère homosexuelle en droit interne ne se fonde pas formellement sur des valeurs fondamentales, mais sur la privation d'autorité parentale qui en découlerait pour la mère dès lors que le couple n'est pas marié.

[151] « Il n'appartient pas au Conseil constitutionnel de substituer son appréciation à celle du Législateur sur la prise en compte, en cette matière, de cette différence de situation. »

Contrairement au PaCS, issu d'une proposition de loi (d'origine parlementaire)[152], le mariage sans égard au sexe du conjoint est le résultat d'un projet de loi (d'origine gouvernementale), ce qui montre l'intérêt que le président de la République portait à la question.

La loi visant à ouvrir le mariage aux couples de personnes de même sexe commence par un exposé de motifs traçant succinctement l'évolution historique du mariage et en rappelant qu'une majorité de Français était favorable (65% selon une enquête IFOP menée du 9 au 13 août 2012 sur un échantillon représentatif de 2.000 personnes). La loi modifie essentiellement le Code civil en matière de mariage, du nom patronymique et d'adoption, mais également le Code de la sécurité sociale, le Code du travail, le Code de l'expropriation pour cause d'utilité publique, le Code général des impôts, le Code de l'environnement, le Code de l'action sociale et des familles, le Code de procédure pénale, le Code des transports, l'ordonnance n° 45-174 du 2 février 1945 relative à l'enfance délinquante, le Code des pensions civiles et militaires, la loi n° 84-16 du 11 janvier 1984 portant dispositions statutaires relatives à la fonction publique de l'État, la loi n° 84-53 du 26 janvier 1984 portant dispositions statutaires relatives à la fonction publique territoriale, la loi n° 86-33 du 9 janvier 1986 portant dispositions statutaires relatives à la fonction publique hospitalière… Il s'agit surtout d'harmoniser la loi en rendant neutre les termes autrefois sexués comme mari, femme, père ou mère en les remplaçant par ceux de conjoint et de parent.

S'il semble juridiquement impossible de donner une définition pacifiée de la famille, nous pouvons, toutefois,

---

[152] Pour une histoire politique du PaCS voir : D. Borrillo et P. Lascoumes, *Amours Égales : Le Pacs, les homosexuels et la gauche*, Paris, La Découverte, 2002.

distinguer dans cette institution deux dimensions. Une dimension horizontale relative à la vie du couple et une dimension verticale relative à la filiation et à l'autorité parentale. Le projet du gouvernement modifiait à la fois la dimension horizontale et, en partie seulement, la dimension verticale, ouvrant « le droit au mariage aux personnes de même sexe et par voie de conséquence l'accès à la parenté à ces couples, via le mécanisme de l'adoption. » Les règles qui gouvernent l'assistance médicale à la procréation ne furent pas modifiées par la loi, celle-ci demeurait inaccessible pour les femmes seules ou les couples de même sexe[153].

Sur le plan horizontal, le principe d'égalité et de non-discrimination exige à la fois l'ouverture de la liberté fondamentale de se marier (de nature constitutionnelle[154]) et le droit au mariage civil. Pour ce faire, la loi introduit un article au Code civil ainsi rédigé : « Le mariage est contracté par deux personnes de sexe différent ou de même sexe » et modifie la formule de l'article 144 : « L'homme et la femme ne peuvent contracter mariage avant dix-huit ans révolus » par « Le mariage ne peut être contracté avant dix-huit ans révolus. »

Contrairement à une idée répandue, il ne s'agit pas de créer un mariage gay, mais de cesser de faire de la différence de sexes une condition *sine qua non* du droit au mariage[155]. Une conception universelle et laïque du

---

[153] Il a fallu une révision de la loi bioéthique en 2021 pour permettre la PMA aux femmes seules et aux couples de femmes.

[154] Il n'existe pas un droit au mariage dans la Constitution française, mais le Conseil constitutionnel a produit une jurisprudence relative à la liberté matrimoniale comme composante de la liberté individuelle sur la base des articles 2 et 4 de la Déclaration des droits de l'Homme de 1789. Cette doctrine du Conseil constitutionnel devrait désormais s'appliquer aux couples de même sexe mariés.

[155] Comme le prétendait Irène Théry, experte mobilisée à l'époque du PaCS et pour qui « la raison pour laquelle le couple homosexuel n'a pas accès au mariage est que celui-ci est l'institution qui inscrit la différence des sexes dans

mariage fondée sur la volonté des contractants devrait être aveugle au genre. Comme le présentait déjà la formule de l'article 146 du Code civil selon lequel « Il n'y a pas de mariage lorsqu'il n'y a point de consentement. »

Il y a plus d'un siècle, les conclusions du Procureur général Baudouin, dans un célèbre arrêt de la Cour de cassation du 6 avril 1903, fit du mariage « l'union des âmes et des volontés. » Cette conception asexuée du mariage ne sera pas vraiment inventée, mais entérinée par la loi « visant à ouvrir le mariage aux couples de personnes de même sexe. » Le changement systématique d'expressions sexuées, telles que « mari et femme » ou « pères et mères », par les termes neutres « époux » ou « parents » en témoigne comme nous l'avions souligné.

Concernant les droits, depuis la loi de 2013, les couples de même sexe jouissent de mêmes bénéfices sociaux que les couples mariés comme par exemple l'accès à la sécurité sociale et à la mutuelle de l'époux, les congés payés (prévus par le PaCS), mais aussi le doit à l'allocation veuvage et à la pension de réversion desquelles sont exclus les couples pacsés[156]. De même, les couples de même sexe peuvent désormais bénéficier du droit à se faire représenter par l'époux lorsque l'autre est hors d'état de manifester sa volonté.

Sur le plan patrimonial, la loi ouvre également le droit à la succession *ab intestat* (un testament est toujours nécessaire pour les couples pacsés). Aussi, les dispositions relatives au nom de famille sont applicables aux conjoints

---

l'ordre symbolique, en liant couple et filiation » : « Le contrat d'union social en question », *Esprit*, 10, octobre 1997, p. 159.

[156] La CJUE dans l'arrêt Maruko du 1er avril 2008 a jugé que l'Allemagne a commis une discrimination fondée sur l'orientation sexuelle en prévoyant dans sa législation qu'après le décès d'un partenaire lié par un partenariat de vie (équivalent du PaCS), le partenaire survivant ne pourra pas percevoir une prestation de survie équivalente à celle octroyée à un époux survivant.

de même sexe et aux enfants adoptés par les couples homosexuels.

La loi prévoit également la possibilité pour deux personnes de même sexe de nationalité étrangère de se marier en France lorsque, pour l'une d'elles, la loi personnelle ou la loi de l'État de sa résidence le permet. Concernant les couples homosexuels binationaux, la loi permet le droit au regroupement familial ainsi que le droit à la carte de séjour portant la mention « vie privée et vie familiale. »

Même pour les ressortissants de l'UE, l'article L121-1 al. 5 du Code de l'entrée et du séjour des étrangers et du droit d'asile, réserve le bénéfice du séjour de plein droit en France au conjoint marié. En effet, l'article 2 b) de la directive 2004/38/CE de 29/04/2004 qui est à l'origine de cet article, statue : « Aux fins de la présente directive, on entend par membre de la famille le partenaire avec lequel le citoyen de l'Union a contracté un partenariat enregistré, sur la base de la législation d'un État membre, si, conformément à la législation de l'État membre d'accueil, les partenariats enregistrés sont équivalents au mariage, et dans le respect des conditions prévues par la législation pertinente de l'État membre d'accueil. » Comme le PaCS n'équivaut pas au mariage, cette directive ne s'applique pas aux couples pacsés.

Un nouveau chapitre du Code civil composé de deux articles, intitulé : « Des règles de conflit de lois » est créé par la loi. L'art. 202-1 selon lequel : « Les qualités et conditions requises pour pouvoir contracter mariage sont régies, pour chacun des époux, par sa loi personnelle. Toutefois, deux personnes de même sexe peuvent contracter mariage lorsque pour l'une d'entre elles, soit sa loi personnelle, soit la loi de l'État sur le territoire duquel elle a son domicile ou sa résidence, le permet. » Et l'art. 202-2 : « Le mariage est valablement célébré s'il l'a été conformément aux formalités prévues par la loi de l'État sur le territoire duquel la célébration a eu lieu. » Ainsi, le mariage entre personnes de même sexe célébré dans un pays où ce type de mariage est légal sera reconnu en France tout comme le mariage entre personnes de même sexe résidant régulièrement en France.

Évidemment, la loi est égalitaire aussi bien sur le plan des droits que celui des devoirs du mariage. Désormais, les couples homosexuels mariés seront tenus de respecter le devoir de fidélité de l'article 212 du Code civil, tout comme le devoir de communauté de vie de l'article 215, ce qu'implique une communauté de toit (avoir un domicile commun) et une communauté de lit (entretenir des rapports sexuels). Le devoir de secours, de nature patrimoniale, et celui d'assistance, de nature morale (art. 212), sont dorénavant exigés aussi pour les couples de même sexe. Les contributions aux charges du mariage et l'obligation de nourrir, d'entretenir et d'élever leurs enfants (art. 203) s'élargissent à tous les couples indépendamment du sexe des partenaires ainsi que la solidarité pour les dettes relatives à l'entretien du ménage ou l'éducation des enfants (art. 220).

Contrairement au PaCS, qui peut être rompu par la volonté d'un des partis avec une simple obligation de préavis, pour mettre fin au mariage, il faut passer par la procédure du divorce. Comme l'ensemble des droits et des obligations est inclus dans la loi, nous pouvons considérer que la réforme respecte, pour ce qui concerne le couple, le principe d'égalité.

En matière de filiation, la réforme de 2021 a permis l'ouverture de la PMA pour les femmes seules et les couples de femmes, après la déclaration, sans réserve, de conformité à la Constitution par le Conseil constitutionnel. La nouvelle loi bioéthique a été promulguée le 2 août 2021. L'élargissement de la procréation médicalement assistée aux femmes célibataires et aux couples de femmes, tout comme la fin de l'infertilité comme condition *sine qua non* à l'accès à cette technique, constituent à n'en pas douter une avancée incontestable.

L'enthousiasme diminue, toutefois lorsqu'on constate que, dans le même texte, le Législateur introduit la levée de l'anonymat des donneurs de gamètes, prélude à la reconnaissance de l'accès aux origines biologiques. Si aujourd'hui la plupart des PMA s'effectuent avec les gamètes du couple, dans le cas des lesbiennes, le don d'un tiers est indispensable. Certes, les enfants ainsi conçus n'auront pas une filiation établie avec le donneur, mais son inscription dans l'acte de naissance suscite plusieurs inquiétudes puisque la loi crée d'ores et déjà deux catégories d'enfants : ceux nés « naturellement » et ceux nés grâce à un don. Depuis la fin des catégories « enfant légitime » et « enfant naturel », le droit n'avait pas inscrit un marquage différenciant le mode d'engendrement.

Ce retour à une conception biologique de la filiation constitue également une ingérence de l'État dans la vie privée des familles. Jusqu'à nos jours, les moyens de procréer (voie charnelle ou PMA) ne se reflétaient pas dans l'acte de naissance (instrument public). Et, si le jugement d'adoption ou l'acte de reconnaissance apparaissent en marge de l'état civil des personnes, c'est parce qu'il s'agit d'un enfant déjà existant. Dorénavant, dès lors que l'enfant est le fruit d'un couple de femmes, il faut le signaler publiquement *ex ante*.

Cette régression du droit civil de la filiation est le résultat d'un long combat réactionnaire favorisé par une expertise mobilisée par la gauche socialiste, réactualisé par le Rapport Touraine et cristallisé dans la dernière révision de la loi. Derrière l'accès aux origines se reconstitue un ersatz de la filiation puisant sa force dans l'élément biologique et qui risque bien d'être revendiqué un jour. Il ne s'agit plus d'utiliser les vieux arguments conservateurs brandis par la Manif pour tous : « Un papa, une maman », mais de préserver « l'ordre symbolique de la différence des sexes » et « la loi du Père », pour reprendre la vulgate anthropo-psychanalytique qui a colonisé le droit civil de la filiation.

La question de l'accès aux origines semble pourtant légitime à condition qu'elle soit clairement dissociée de la filiation. L'ensemble d'associations qui revendiquent ce nouveau droit ne cessent pourtant de le rappeler : on ne cherche pas un parent, mais un géniteur. Les associations homoparentales, celles des enfants qui cherchent leurs origines ainsi que leurs avocats, condamnent l'établissement d'un régime à part pour les enfants issus d'une PMA tel que l'inscription du mode de conception dans l'acte de naissance. C'est pourquoi, traiter de la question des origines dans la loi bioéthique est non seulement hors-sujet, mais induit aussi à une confusion lourde de conséquences. En effet, rapprocher la question de l'engendrement d'une réforme sur la parenté risque de créer une « filiation de souche » qui renvoie à la reproduction biologique, tandis que les autres formes de filiation viendraient s'ajouter, une fois établi dans la loi ce nécessaire arrière-plan génétique par la levée de l'anonymat et l'inscription du don dans les actes de naissance.

Les codes civils modernes établissent pourtant clairement cette distinction, en interdisant explicitement l'indication dans l'acte de naissance de l'origine de la filiation. Ainsi, l'article 559 du Code civil argentin dispose que « l'officier d'état civil doit rédiger l'acte de naissance de telle sorte qu'il ne soit pas indiqué que la personne est née hors mariage, qu'elle est adoptée ou qu'elle est issue d'une technique de reproduction assistée. » De même, l'article 7.2 de la loi espagnole 14/2006, dit que

« d'aucune manière, l'inscription dans les registres de l'état civil ne pourra faire apparaitre des données à partir desquelles soit possible déduire le mode de procréation. » D'autres pays comme la Belgique, le Canada ou le Royaume-Uni ont tout simplement appliqué la règle de la présomption de la co-parenté pour permettre l'établissement automatique de la maternité de la conjointe de la mère.

La France, réputée être une république universaliste, vient de créer un nouveau mode de filiation réservé aux couples de femmes : la « déclaration anticipée de volonté », autrement dit, les deux femmes du couple devront établir une reconnaissance conjointe de l'enfant avant sa naissance auprès d'un notaire. La liberté de gérer l'information sur l'origine de la filiation est réservée désormais aux couples hétérosexuels, lesquels peuvent continuer à bénéficier de la présomption de paternité, grâce à la vraisemblance biologique, comme le dit le Conseil d'État.

Outre la discrimination vis-à-vis des couples et des enfants, la loi ne peut qu'accentuer la pénurie de gamètes. En effet, un sondage montre que 70 % des Français refuseraient de faire un don de gamètes en cas de levée de l'anonymat du donneur[157] dans un contexte où, selon l'agence de la biomédecine, le nombre de donneurs est largement insuffisant (1 donneur pour 10 demandeurs). Et il ne sera plus possible d'utiliser des gamètes pour lesquels le donneur n'aura pas consenti à la divulgation de son identité. De surcroit, la gratuité n'a pas été mise en question par la nouvelle loi.

[157] https://www.lamaisondesmaternelles.fr/article/70-des-francais-refuseraient-de-faire-un-don-de-gametes-en-cas-de-levee-d-anonymat-du

Il ne faut pas s'étonner alors qu'en pratique, personne ne voudra faire don de ses gamètes, plaçant la PMA dans une totale incertitude.

Pour finir avec une note positive : les couples pourront toujours continuer à se rendre dans des pays plus libéraux comme l'Espagne, par exemple, où l'anonymat est garanti et où il n'existe pas de pénurie de gamètes puisque les donneuses d'ovocytes reçoivent une compensation de 1.000 euros et les donneurs de sperme de 50 euros. De surcroit, contrairement à la France, dans ce pays la méthode ROPA (réception d'ovocytes de la partenaire) est légale permettant ainsi à chaque partenaire de participer au processus de grossesse.

3. Et si on étudiait l'hétéroparentalité ?

Le débat récurrent sur les unions de même sexe et les familles homoparentales dessine en creux un autre débat jamais explicité qui mérite toutefois d'être engagé, à savoir celui relatif à l'hétéroparentalité. Alors que depuis quarante ans, les études scientifiques sur les parents de même sexe ne cessent de se multiplier, les chercheurs ne se sont toujours pas emparés de l'objet « hétéroparentalité. »

Si de nombreux ouvrages sont consacrés aux familles homos, à leur capacité à remplir les fonctions parentales et à garantir le développement psychologique de leurs enfants, la famille « hétéroparentale » en tant que telle, ne fait l'objet d'aucune problématisation scientifique. Le sociologue O. Vecho a recensé, pour ces trente dernières années, trois cent trente documents (thèses, articles scientifiques, enquêtes, ouvrages…) relatifs à la capacité des parents homosexuels, au sort des enfants et aux dynamiques des familles homoparentales. Tout est passé au crible : compétences et relations sociales, estime de soi, identité et comportements sexuels, intelligence, intégration scolaire, contact avec les grands-parents…

Présentée comme une évidence anthropologique fondamentale tenant à la nature humaine et à l'ordre symbolique, l'hétéroparentalité n'est, en revanche, jamais questionnée. Contrairement aux familles homoparentales, nous ne disposons d'aucune connaissance expérimentale, d'aucune observation ni d'une théorie quelconque permettant d'analyser objectivement les filiations hétérosexuelles. L'hétéroparentalité apparaît à la fois comme une évidence et comme une autorité multiséculaire incontestable et intangible. Pour le droit canonique, le mariage est l'union perpétuelle « d'un homme et une femme, ordonnée par son caractère naturel au bien des conjoints ainsi qu'à la génération et à l'éducation des enfants. »

La Conférence épiscopale considère le mariage hétérosexuel comme « le moyen le plus simple et le plus efficace pour élever des enfants. » Dans le même sens, une sociologue médiatique affirmait que « la raison pour laquelle le couple homosexuel n'a pas accès au mariage est que celui-ci est l'institution qui inscrit la différence des sexes dans l'ordre symbolique, en liant couple et filiation. » Pour une majorité de psychanalystes, l'altérité sexuelle constitue le gage non seulement de la bonne structuration psychique de l'enfant, mais aussi de la pérennité de la civilisation. La mixité de l'humanité, écrit Sylviane Agacinski, « n'est pas seulement une donnée de l'anthropologie physique : elle est aussi une dualité culturelle structurante et une valeur, car elle est génératrice de singularité et d'hétérogénéité. »

Suivant ces arguments, tous les enfants issus des familles hétéroparentales devraient aller suffisamment bien pour qu'aucune enquête ne mérite la peine d'être effectuée. Or, force est de constater que deux mille ans d'hétéroparentalité n'ont pas permis d'accroître la responsabilité parentale ou tout au moins d'affaiblir les violences conjugales et intrafamiliales. Les rôles sociaux de genre continuent à se perpétuer au sein des foyers hétéros, le plus souvent au détriment des femmes et des enfants. Un rapport de l'Unicef montre que les sévices corporels, sexuels et psychologiques sont le plus souvent commis au sein de la famille hétéroparentale. Et pourtant, on continue à prêter à cette famille « normale » (contrairement aux familles homoparentales et aussi monoparentales), des qualités et des vertus, sans que celles-ci ne soient jamais démontrées ou évaluées. Comme si la différence des sexes et les capacités procréatives étaient la garantie de stabilité des enfants et non pas l'affection, les conditions économiques des parents, l'accès à l'éducation et à la santé…

CHAPITRE VII

La liberté reproductive

1. Accès aux origines : dernier avatar de la biologisation de la parenté

La dernière révision de loi de bioéthique a élargi la PMA aux couples de femmes et aux femmes seules et permis l'accès aux origines biologiques des enfants issus de cette technique procréative. À la lecture de la loi, une impression de retour à une conception biologique de la filiation se dégage nettement. Et pour cause, les lois ne se font plus au nom de la liberté ni au nom de l'égalité et encore moins au nom de la fraternité. Au moment même où la notion de famille est réinvestie politiquement (PaCS, mariage pour tous, homoparentalité, pluriparentalité), une nouvelle forme de naturalisation de la filiation émerge sur la scène publique. Les principes politiques consacrés par les grands postulats des droits de l'homme et des libertés fondamentales ont été sacrifiés au non d'une expertise psychologico-anthropologique mobilisée non pas pour justifier *in concreto*, l'élaboration d'une norme juridique, mais pour établir, *in abstracto*, son fondement. En effet, aucune analyse statistique, aucune étude de cas, aucune donnée empirique, rien de descriptif ne fut mis en avant par le Législateur pour conditionner l'ouverture de la PMA aux couples de femmes et aux femmes seules ainsi qu'au droit de l'enfant à connaitre ses origines. En revanche, une autre rationalité de type prescriptive émerge clairement de la lecture des différents rapports préparatoires de la loi. Elle produit une réponse univoque : oui à la PMA pour toutes, mais à condition de retrouver symboliquement une parenté charnelle par l'institution de la figure du géniteur.

La filiation est, depuis le droit romain, une construction sociale dans laquelle le sang, la volonté et les présomptions constituent la trame permettant de tisser la parenté. Dorénavant, celle-ci doit se fonder sur un invariant d'un type nouveau : le droit à connaitre la vérité sur sa conception. En ce sens, la revendication contemporaine d'accès à ses origines renvoie plutôt à la construction psychique du sujet qu'à un attachement à la dimension génétique de l'individu. Révéler à l'enfant les conditions de sa naissance n'est pas une possibilité, mais un impératif moral sous peine de provoquer une « souffrance identitaire irréparable. »

En matière d'assistance médicale à la procréation, nous sommes passés de l'obligation d'anonymat au devoir de transparence. Les donneurs de gamètes - hommes et femmes - sont désormais débiteurs des personnes souhaitant accéder à leurs origines biologiques. Cependant, cette question ne constituait nullement une condition *sine qua non* de la révision des lois bioéthiques (comme feint de croire le rapport de la mission parlementaire). Après tout, le Législateur aurait pu laisser le choix entre un don anonyme et un don personnalisé ou même permettre aux individus de désigner leurs donneurs ou, à ceux-ci, leurs bénéficiaires. Ces options ne furent même pas évoquées !

Rien d'étonnant puisque, depuis plusieurs années, nous assistons à un martèlement idéologique mis en place par une vulgate psychanalytico-anthropologique, relayée par la doctrine des juristes et par les magistrats. De plus, du Conseil d'État à la Commission nationale consultative des droits de l'homme en passant par le Comité d'Éthique, ils présentent tous la quête des origines comme le préalable à l'élargissement de la PMA aux couples de femmes et aux femmes seules. Le slogan de la Manif pour tous : « un papa, une maman, on ne ment pas aux enfants », résume parfaitement la manœuvre permettant de pallier le « mensonge » de la PMA (homosexuelle) par la vérité de l'engendrement (hétérosexuel). Lors de leurs auditions au Parlement, les experts psychologues ont ainsi souligné que « le principe de l'enfantement constitue ce que l'on appelle en psychologie "l'originaire", c'est-à-dire la façon dont l'enfant va se constituer lui-même comme issu de ses deux parents », en dépit de l'apport de gamètes par un tiers donneur. Ils ont également insisté sur la nécessité de restituer la « scène originaire » (le coït hétérosexuel) grâce à laquelle « l'enfant saura qu'il vient d'un ailleurs d'un point de vue biologique, mais il aura la capacité psychologique de se réoriginer, c'est-à-dire de renaître au sein de ce couple-là. » Autrement dit, pour pouvoir intégrer une famille monoparentale ou homoparentale, la loi doit préalablement garantir à l'enfant l'accès à la vérité de son engendrement. Cette entreprise, vulgarisée par la sociologue Irène Théry sous le nom d'ordre symbolique de la différence des sexes, est profondément conservatrice. D'une part, elle réactive le vieux mécanisme idéologique consistant à fonder l'ordre juridique sur une réalité extérieure à la volonté individuelle et s'imposant à elle. D'autre part, un principe d'autorité, fondé *in abstracto* sur un *a priori* anthropologique, fait de la filiation non pas une règle d'organisation des générations, mais la matrice régulatrice de la vie psychique et sociale. Contrairement à d'autres pays, en France l'accès aux origines n'est nullement abordé comme un simple droit à l'information.

Chez nous, il s'agit de donner aux enfants le droit de pouvoir « fantasmer une scène de naissance plausible » de pouvoir « élaborer à partir de la différence sexuelle son origine psychique. »

Comme toute prérogative, elle a nécessairement une contrepartie : l'obligation de lever l'anonymat. Par conséquent, il ne s'agit pas d'un choix, mais d'une contrainte. Cette logique mettra un terme à l'accouchement « sous X », à l'adoption plénière et surtout à la ligne de partage entre filiation et reproduction, entre culture et nature, si chère à la philosophie moderne.

Tout donneur doit savoir que désormais on peut « frapper à sa porte » pour lui signaler un engendrement et toute personne ayant recouru à une PMA doit savoir qu'une présence (celle du donneur ou de la donneuse) planera constamment dans sa vie familiale. Le projet de loi vient de créer ainsi une sorte de pluriparentalité non juridique faisant du donneur de sperme ou de la donneuse d'ovocyte, un co-géniteur évitant ainsi de « déconnecter la filiation de la dualité des sexes » et en permettant que « l'enfant élabore psychiquement un engendrement par la différence des sexes. » Dorénavant, les homosexuels ou les parents célibataires ont le droit de se reproduire à condition toutefois que la loi indique clairement que derrière toute filiation « mensongère » (comme dissent les experts) existe bel et bien une vérité biologique de l'engendrement. Formidable ruse de la raison conservatrice que d'avoir refondé la famille sur les liens du sang et d'avoir biologisé l'identité de l'individu et le tout avec la terminologie « moderne » de la psychanalyse.

2. Pourquoi ne pas constitutionnaliser la liberté de procréer pour tous ?

En réaction à l'arrêt *Dobbs vs Jackson* de la Cour Suprême des États-Unis permettant à chaque État de décider du droit à l'avortement, l'Assemblée nationale française a adopté à une large majorité une proposition de loi pour inscrire dans la Constitution le principe selon lequel « la loi garantit l'effectivité et l'égal accès au droit à l'interruption volontaire de grossesse. » De manière surprenante, le texte a obtenu également l'approbation des sénateurs, pourtant majoritairement opposés à cette mesure.

La nouvelle loi a permis d'ouvrir le débat sur la nécessité d'inscrire dans la Norme suprême certains principes tels que l'autonomie de l'individu, la libre disposition de soi et les droits reproductifs.

Il s'agit à la fois d'un enjeu de liberté et d'égalité femmes-hommes. En effet, si pour ces premières, le droit à ne pas procréer connaît une progression continue depuis 1975, concernant les hommes la situation demeure incertaine.

Avec le remboursement de l'IVG en 1982 (date de sa prise en charge par la collectivité à travers la Sécurité sociale), l'avortement passe du statut de simple liberté (dépénalisation) à un véritable droit subjectif de la femme. Le délai d'interruption de grossesse a été prolongé à 16 semaines d'aménorrhée (depuis le début des dernières règles), l'obligation du consentement parental pour les mineures a été remplacée par la présence d'un adulte (choisi par la mineure) et celle de la justification d'un titre de séjour levée pour les étrangères. De surcroit, la perturbation de l'accès aux établissements pratiquant des IVG ou l'entrave à l'IVG par l'exercice de pressions ou de menaces, y compris par voie électronique, constitue une infraction pénale.

Pour les hommes, la situation n'est nullement symétrique puisqu'un coït fécond fait du géniteur un père : une fois l'ovule fécondé, l'homme est engagé dans une aventure sur laquelle il n'a plus aucune maîtrise. Comme le note Guillaume Kessler, « une rencontre d'une nuit oubliée peut ainsi conduire des années plus tard à une action en recherche de paternité et une demande de paiement d'arriérés de pension alimentaire. Une relation sexuelle éphémère peut dès lors peser telle une épée de Damoclès sur un homme dont la vie risque d'être bouleversée une fois la procédure engagée. »[158]

Par contre, la génitrice a un droit sur son corps dont elle dispose librement non seulement par l'accès à la pilule du lendemain et à l'IVG, mais aussi par l'accouchement « sous X » et ceci même contre la volonté du père biologique. Cette procédure permet à toute femme de mettre un enfant au monde et de permettre son adoption sans obligation de dévoiler son identité. Si la femme peut légalement abandonner son enfant, il en va autrement de l'homme puisque la loi permet à la mère de lui imposer judiciairement une paternité non souhaitée. Une fois la filiation établie, le géniteur doit en assumer toutes les conséquences, tant sur le plan alimentaire que successoral.

L'homme se trouve donc soumis complètement à la volonté de la femme enceinte. Non seulement il ne pourra pas s'opposer à l'action en recherche de paternité, mais le refus de se soumettre à des tests ADN, pourra le cas échéant être interprété par le juge comme un aveu de paternité. En ce sens, la justice considère que « tout homme qui accepte des rapports non protégés encourt […] la possibilité d'une procréation. » Les actions en justice se succèdent et la jurisprudence reste inflexible : même si l'homme et la femme avaient écarté tout projet parental, la

---

[158] G. Kessler, « Le droit de ne pas être père », *AJ Famille*, 2017, p. 292.

mère pourra toujours, contre la volonté du géniteur, exercer une action de recherche en paternité en tant que représentante légale de l'enfant et réclamer une pension alimentaire. La situation est si particulière que la doctrine des juristes n'hésite pas à parler de « paternité imposée », « pères portefeuille », « géniteur payeur » ou « simple pourvoyeur de pension alimentaire. »

Or, au nom de l'égalité, ce vieux principe selon lequel « qui fait l'enfant doit l'assumer » ne devrait-il pas s'appliquer aussi aux femmes ?

Pour éviter de résoudre cette question qui remettrait nécessairement en cause l'accouchement « sous X », ne serait-il pas préférable d'abolir ce vieux principe en proposant un système de filiation fondé non plus sur la biologie, mais sur le projet parental responsable comme c'est déjà le cas pour l'adoption et la PMA ?

Le père serait désormais considéré par la Loi comme un géniteur qui pourrait renoncer ou assumer librement sa paternité juridique.[159] Aussi, l'action en recherche de paternité pourrait être tout simplement interdite puisque, comme pour la mère, ce serait la volonté qui fait de l'homme un père.

Alors que l'inscription de l'IVG dans la Constitution est désormais posée, il serait préférable d'adopter un mécanisme d'établissement de la filiation garantissant l'égalité femmes/hommes, en particulier lorsque ces derniers ne veulent pas assumer une paternité. L'autonomie procréative doit valoir aussi bien pour les femmes que pour les hommes.

Mais une fois affirmé ce principe d'égalité dans l'établissement d'un lien de filiation, il reste à décider quelle facette de la liberté de procréer mérite la protection

---

[159] M. Zaffran, *Questions éthiques soulevées par l'état du droit québécois en matière de filiation*, Université de Montréal, 2013, p. 14.

constitutionnelle : celle de donner la vie ou celle de refuser de la donner ?

Pour l'homme, c'est la liberté de ne pas devenir parent qui reste à accomplir, puisqu'il n'existe pas l'équivalent de l'IVG ou de l'accouchement « sous X » masculins. Pour la femme, c'est celle de faire naître un enfant pour autrui, en tant que mère porteuse, figure qui reste à instaurer dans le droit français. De même, l'octroi à la mère d'intention de la qualité de mère juridique viendrait parachever un système de filiation qui deviendrait ainsi à la fois égalitaire et solidaire. C'est pourquoi, avant de constitutionnaliser la liberté de ne pas procréer, il reste encore à reconnaitre les seules libertés procréatives interdites en France : la GPA et le refus de paternité.

Une telle reconnaissance ferait de la volonté et du projet parental la source principale de la filiation, indépendamment du genre des parents. Celle-ci cesserait d'être une fatalité pour devenir un véritable choix. S'agissant des femmes, elles obtiendraient à la fois la liberté de disposer totalement de leurs corps, y compris pour faire naître un enfant pour autrui, et se voir reconnaitre pleinement la qualité de mère d'intention dans le cadre d'une GPA.

Afin donc de garantir les droits sexuels et reproductifs pour tous, il aurait fallu que la loi constitutionnelle adopte non seulement le droit fondamental à l'interruption volontaire de grossesse, mais aussi et surtout la liberté constitutionnelle pour tous de procréer ou de ne pas procréer.

3. La GPA pour tous et ses ennemis

L'usage des termes « esclavage » ; « marchandisation du corps » ; « vente d'enfants » ; « pratique eugéniste » ; « volonté aliénée » ; « bébés à la carte » ou « enfants génétiquement modifiés » mettent en évidence une stratégie discursive consistant à soustraire de la délibération la régulation de la GPA laquelle ne mériterait que condamnation et anathème. Inscrite dans la longue controverse sur le droit de l'individu à disposer de son corps, la GPA fait l'objet d'un inquiétant consensus négatif aussi bien politique qu'académique. Contrairement à une croyance répandue selon laquelle nous vivons dans une époque d'hyper-individualisme, ce n'est pas l'individu qui dispose de sa vie et de son corps, mais bel et bien l'État. L'euthanasie est pénalement sanctionnée, le don d'organe après la mort est présumé et nous ne pouvons pas disposer librement de notre cadavre ni même de nos cendres : l'ordre public le veut ainsi. Égarés dans le labyrinthe des rapports du Comité d'éthique, du Conseil d'État, de l'Agence de la Biomédecine, de l'Office Parlementaire d'évaluation des Choix scientifiques et technologiques, de la Commission nationale consultative des droits de l'homme et autres interventions expertales, nous risquons de perdre de vue l'idéologie sous-jacente du dispositif bioéthique français, en particulier lorsqu'il s'agit de penser (ou à vrai dire de ne pas penser) la GPA. Unique au monde, il véhicule à la fois une vision particulièrement pessimiste de l'individu, de la science et du marché et un fétichisme de l'ordre naturel, vision partagée par la gauche post-moderne et la droite conservatrice, allant de l'écologie politique à la Conférence épiscopale. La poursuite de l'intérêt individuel est jugée responsable du délitement du lien social. Le progrès scientifique est dénoncé comme soif effrénée de connaissance menant à l'aliénation de l'homme (voire son anéantissement) et l'économie de marché n'est appréhendée que sous les inégalités qu'elle engendre. Le diagnostic préimplantatoire est ainsi accusé de précipiter l'humanité dans l'abîme de l'eugénisme totalitaire et ceci à cause d'une confusion volontairement entretenue, entre d'une part, l'eugénisme étatique raciste et génocidaire et d'autre part, l'eugénisme libéral qui n'a pas pour but la supériorité d'une race, mais l'amélioration des conditions de vie biologique des individus.

L'interdiction des tests génétiques en dehors du cadre médical tout comme celle de l'autoconservation d'ovocytes, participe d'une idéologie compassionnelle où seule la maladie justifierait l'intervention scientifique et la reconnaissance des droits. La GPA avait été conçue autrefois dans ce registre. Le Comité d'Éthique envisageait la légalisation de la GPA comme réponse de la société à une « injustice » de la nature : l'infertilité d'origine utérine[160]. Nadine Morano, ministre de la famille en 2013, avait déclaré dans un entretien à *Le Monde* : « si la stérilité d'un couple est avérée, une femme peut porter pour autrui un enfant qui n'est pas le sien ». Une proposition de loi tendant à encadrer la GPA avait été enregistrée par la droite au Sénat en 2010 pour permettre d'inscrire la gestation pour autrui dans le cadre de l'assistance médicale à la procréation. Elle deviendrait un instrument supplémentaire au service de la lutte contre l'infertilité, sans que soit reconnu pour autant un « droit à l'enfant » : « seuls pourraient bénéficier d'une gestation pour autrui les couples composés de personnes de sexe différent, mariées ou en mesure de justifier d'une vie commune d'au moins deux années, en âge de procréer et domiciliées en France. La femme devrait se trouver dans l'impossibilité de mener une grossesse à terme ou de ne pouvoir la mener sans un risque d'une particulière gravité pour sa santé ou pour celle de l'enfant à naître. L'un des

[160] Avis n° 110 du CCNE, 2010.

deux membres du couple au moins devrait être le parent génétique de l'enfant », établissait ladite proposition[161].

Aujourd'hui, le consensus anti-GPA y compris pour des raisons médicales et au sein du couple hétérosexuel, se reflète par l'exclusion de la question dans la dernière révision de la loi. La GPA suscite une véritable aversion alors qu'il suffirait de l'inscrire dans le répertoire des libertés fondamentales, en l'occurrence la liberté procréative. Si une femme peut pratiquer une IVG, elle devrait également pouvoir mener à terme une grossesse pour le compte d'autrui. Toutefois, souvenons-nous de l'argument de l'individualisme, brandi jusqu'à la caricature lors du débat sur l'IVG (il y a presque 50 ans) à travers l'exemple de la mère qui ne voudrait pas accoucher de son enfant pour ne pas interrompre ses vacances.

L'individu est présenté comme un être capricieux et égoïste, mû par l'intérêt : « je veux, donc j'ai le droit », auquel il faut impérativement opposer des limites y compris contre lui-même. Comme le prétend le courant philosophique d'Emmanuel Mounier (le personnalisme), fondateur de la Revue *Esprit*, lequel opère une intervention idéologique particulièrement intéressante (et néfaste) dans la caricature de l'individualisme (assimilé à l'égoïsme) : « l'individu, c'est la dissolution de la personne dans la matière. [...] Dispersion, avarice, voilà les deux marques de l'individualité (…). Aussi, la personne ne peut croître qu'en se purifiant de l'individu qui est en elle. »

De même, il suffit d'invoquer la marchandisation[162] pour écarter tout débat sur une possible indemnisation à

---

[161] Proposition de loi n° 234 tendant à autoriser et encadrer la gestation pour autrui 27 janvier 2010.

[162] Michel Onfray voit dans la gestation pour autrui le symbole de l'inégalité entre les plus aisés et les plus modestes : « Au nom de l'égalité, nous allons vers la prolétarisation des utérus des femmes les plus pauvres. »

l'égard des donneurs et des femmes porteuses. Alors que tout le monde est rémunéré (chercheurs, médecins, infirmiers, personnel administratifs, avocats…) l'individu ne peut pas y prétendre sous peine de compromettre sa dignité. La Manif pour tous, la droite et la gauche conservatrices sont d'accord pour considérer que la GPA participe d'un nouveau marché de l'humain, propre à l'ultralibéralisme et au techno-capitalisme. Or, imposer la gratuité est non seulement injuste, mais suicidaire pour la pratique même de la GPA. En effet, qui voudra porter pendant neuf mois un enfant sans aucune contrepartie ? La gratuité tout comme la levée de l'anonymat pour le don de gamètes, constituent des manœuvres plus ou moins masquées pour boycotter les procréations assistées.

Un retour à la *Gemeinschaft*, à la société close, au collectif contre l'individuel, apparait comme une solution possible contre la décision de la CEDH condamnant la France pour refuser l'inscription des enfants nés par GPA à l'étranger. Ainsi, les propositions de lois du 14 octobre 2014 *visant à lutter contre les démarches engagées par des Français pour obtenir une gestation pour autrui* (présenté par Jean Leonetti) ; celle déposée par Valérie Boyer le 8 avril 2015 *visant à lutter contre le recours à une mère porteuse* et plus récemment, celle déposée l'année dernière par 15 députés du groupe Les Républicains, *pénalisant les parents d'intention qui recourent à une GPA y compris à l'étranger*[163], présentent la GPA comme une forme de « proxénétisme procréatif » sanctionnée de 5 ans d'emprisonnement et 75.000 euros d'amende.

Comme pour s'opposer hier à l'IVG et à l'accouchement « sous X », les conservateurs brandissent

[163] Proposition de loi n° 201 *visant à* lutter contre *le* recours *à une* mère porteuse.

aujourd'hui les mêmes arguments : « l'abandon d'un enfant par sa mère méconnaît également les relations qui se nouent entre eux *in utero*, alors que les recherches médicales récentes en ont montré l'importance dans le développement psycho-affectif de l'enfant. »[164] Peu importe la volonté de la femme puisque, comme le souligne l'exposition des motifs de la proposition de loi, « que celle-ci soit consentante ou non son corps en est réduit à l'état de bien meuble, tout comme le fruit de sa gestation, avec tous les risques médicaux que cela comporte. » La dignité humaine est systématiquement invoquée comme le seul levier possible contre la « loi du désir » dans cette croisade anti-GPA à la française.

À gauche, José Bové met sur le même plan PMA, GPA, OGM (Organisme génétiquement modifié) et manipulation génétique. La technique devenue autonome, selon l'écologie humaine, rend les hommes irresponsables[165]. La frange radicale du conservatisme de droite (d'habitude désintéressée de l'écologie) invoque de manière quelque peu abusive l'encyclique *Laudato Si* du Pape François pour s'opposer aux techniques reproductives. La nature est un don de Dieu tout comme la vie.

Qu'ont-ils en commun les socialistes, Jean-Luc Mélenchon[166], les écologistes, la Manif pour tous et l'Église catholique ? La méfiance à l'égard du progrès, la négation de l'autonomie individuelle, la haine du libéralisme (en tant que philosophie qui accompagne l'essor de l'individualisme) et son corrélat le « droit-de-l'homisme » (n'oublions pas que Marx affirmait que

[164] Proposition de loi de Valérie Boyer.

[165] Voir notamment les travaux de Jacques Ellul (1912-1994) et Ivan Illich (1926-2002).

[166] « Un pas de plus dans la marchandisation de l'humain » selon le leader de la France Insoumise.

l'idéologie des droits de l'homme était étroitement liée à l'économie capitaliste). Tout cela apparaît comme responsable de la vague de narcissisme individualiste et de revendications infinies, dénoncées notamment par Marcel Gauchet, Pierre Legendre, Régis Debray, et les trois Alain (Supiot, Badiou et Finkielkraut). Marchandisation, esclavage, aliénation, ce sont aussi des termes mis en avant aussi par les évêques. En effet, le groupe de travail pour la bioéthique de la Commission des épiscopats de la Communauté européenne (COMECE) a publié le 23 février 2015 un « avis sur la gestation pour autrui », comparée par les évêques à « une forme de traite d'êtres humains. » Tous les types de gestation pour autrui constituent une atteinte grave à la dignité humaine de ceux qui sont impliqués dans cet échange, selon cet avis, mettant en cause « l'emprise sur le corps de la mère porteuse », voire son « aliénation », dans la mesure où il est très difficile de reconnaître « un consentement valide dans des situations de vulnérabilité ou d'extrême pauvreté. »

La dignité de la personne apparait ainsi comme la condition *sine qua non* du bien commun à la fois pour l'Église et pour les autres opposants à la GPA. Présentée comme l'expression d'un droit subjectif sur le corps (c'est-à-dire d'une « volonté humaine isolée », pour reprendre l'expression de J. Milbank), la GPA apparait comme contraire à l'intérêt de l'enfant et à la dignité de l'Humanité. En rompant le lien naturel entre l'activité sexuelle et la procréation, la GPA ouvre, d'après ces opposants, la voie à une marchandisation des naissances et à un contrôle eugénique de la vie humaine. Comme l'affirme A. Supiot, « la conjugaison du scientisme et de la croyance dans le progrès conduit à une idéologie de la non-limite (…) les principes d'égalité et de liberté individuelle peuvent servir les interprétations les plus folles »[167] telle la revendication de la GPA, « délire technologique » selon le juriste, consistant à faire du projet parental le fondement de l'identité de l'enfant (p. 220). Et au juriste d'affirmer plus loin : « Dieu s'étant retiré de nos montages institutionnels, c'est l'Homme qui occupe aujourd'hui sa place » (p.270).

Ayant vaincu l'absolutisme religieux, le libéralisme apparait comme le principal ennemi des néo-conservateurs. Dans ce contexte, la GPA ne peut que réunir tous les maux de la modernité : libre disposition de soi, égalité des couples hétérosexuels et homosexuels, contractualisation des liens de filiation, désacralisation de la maternité, rémunération pour un service procréatif. Mais, n'est-il pas hypocrite d'empêcher une femme qui souhaite améliorer sa situation économique sans lui offrir d'autres arguments que la dignité humaine pour soulager sa pauvreté ?

Si la GPA est indéfendable pour ses opposants, elle peut être vécue très paisiblement par celles qui l'ont pratiquée : « Au début, on ne se rend pas compte de l'immensité de ce que l'on accomplit. Mais au moment de l'accouchement, lorsqu'on voit ce couple devenir parent, il n'y a pas de mot pour décrire ce que l'on ressent, seulement des larmes de joie »[168]. Voici la parole d'une femme porteuse, la seule qui devrait compter *in fine*.

---

[167] A. Supiot, *Homo Juridicus. Essai sur la fonction anthropologique du Droit*, Seuil, Paris, 2005, p. 80.

[168] « Une mère porteuse raconte comment elle a porté les enfants de deux couples de Français » : https://www.huffingtonpost.fr/2015/06/19/mere-porteuse-raconte-comment-elle-a-porte-enfants-de-deux-couples_n_7591864.html

CHAPITRE VIII

La liberté vestimentaire

1. Burqa, voile, kippa, soutane, burkini ou naturisme

Jusqu'à récemment, chacun pouvait s'habiller comme il l'entendait. Cette liberté était uniquement limitée par le droit du travail qui permet à l'employeur d'imposer une tenue particulière en raison de la tâche à accomplir. Ainsi, il est autorisé d'interdire à une salariée de se présenter au travail en survêtement, car elle était en contact avec la clientèle. Est également justifiée l'interdiction faite aux hommes de porter un bermuda dans ces mêmes circonstances.

Pour interdire la liberté vestimentaire d'une manière générale sans verser dans la discrimination religieuse, l'Administration invoque des « exigences minimales de la vie en société » et « les principes de liberté, d'égalité et de dignité humaine affirmés par la République française. » Désormais, pour sanctionner une minorité de femmes musulmanes, nul n'a le droit de dissimuler son visage à autrui dans l'espace public.

Comme pour l'exercice d'autres libertés, telles que celle de se prostituer ou de porter un enfant pour autrui, les femmes sont perçues comme des victimes[169] et considérées comme incapables de consentir à certaines pratiques, même si elles peuvent démontrer qu'aucune contrainte n'est exercée sur elles. C'est pour les protéger d'elles-mêmes et pour préserver leur dignité que l'État décide à leur place. Selon cette idéologie paternaliste, il est impensable qu'une femme se prostitue, pratique une GPA, porte le voile intégral ou le burkini en toute liberté. C'est pourquoi l'État doit rendre la liberté à ces femmes « opprimées » par elles-mêmes[170]. Le rapport de la mission parlementaire et surtout un rapport du Conseil d'État de 2010 avait prévenu le Législateur d'une telle atteinte aux libertés fondamentales. En effet, les juges du Palais Royal constatent sans ambiguïté que « le port du voile intégral traduit une conception profondément inégalitaire du rapport entre les hommes et les femmes et peut constituer une forme d'atteinte à la dignité de ces dernières. Pour autant, sur le plan juridique, le principe fondamental de dignité de la personne humaine doit être manié avec précaution, car il comporte des acceptions extrêmement variées, dont l'une implique de respecter le libre arbitre de chacun. Par conséquent, ce principe ne pourrait justifier une interdiction générale que s'il était avéré que toutes les personnes qui portent le voile intégral sont contraintes de le faire. Tel n'est semble-t-il pas le cas, certaines d'entre elles soutenant même que le port du voile

---

[169] En juin 2009, 58 élus, emmenés par le député communiste André Gerin, demandent l'ouverture d'une enquête parlementaire sur la burqa, symbole « d'oppression » des femmes. Quelques mois plus tard, le président Sarkozy affirmera : « Le voile intégral est contraire à la dignité de la femme. La réponse, c'est l'interdiction. Le gouvernement déposera un projet de loi d'interdiction conforme aux principes généraux de notre droit. »

[170] Un stage de citoyenneté est prévu par la loi ayant pour objet de lui rappeler « les valeurs républicaines de tolérance et de respect de la dignité humaine sur lesquelles est fondée la société ».

intégral leur permet précisément de préserver leur dignité. »[171]

Le voile intégral, qui inclut la burqa et le niqab, est interdit dans les lieux publics dans l'Hexagone depuis la loi du 11 octobre 2010. Une pratique vestimentaire qui ne porte préjudice à personne est devenue en France une contravention. Sont ainsi concernés la rue, les transports en commun, les commerces, les hôpitaux, les administrations ou encore les cinémas. Aucune référence à l'Islam n'est néanmoins mentionnée dans le texte de loi. Celui-ci dispose que « nul ne peut, dans l'espace public, porter une tenue destinée à dissimuler son visage », car ces pratiques « peuvent constituer un danger pour la sécurité publique et méconnaissent les exigences minimales de la vie en société. » L'argument cache mal un sentiment de malaise social envers les musulmanes.

La burqa couvre complètement la tête et le corps tandis qu'une grille en tissu dissimule les yeux de celle qui la porte. Ce vêtement est le symbole des talibans en Afghanistan qui l'ont rendu obligatoire. Le niqab est également un voile intégral complété par une étoffe. Contrairement à la burqa, il laisse apparaître une fente pour les yeux. Son usage s'est notamment répandu sous l'influence de l'Islam wahhabite. Tous ces accoutrements me semblent d'un autre temps et je les trouve antipathiques et choquants, mais une société ouverte ne peut que les tolérer. Malgré son caractère discriminatoire, sans la nommer la loi vise une catégorie spécifique de la population : les femmes musulmanes. Cette loi fut cependant validée par le Conseil constitutionnel et la CEDH[172]. Le Conseil d'État, bien plus réservé, considérait

[171] CE, *Étude relative aux possibilités juridiques d'interdiction du port du voile intégral.*

[172] Une française musulmane saisit la Cour en 2011. Elle affirmait que personne n'avait exercé de pression sur elle et qu'elle portait l'un ou l'autre de

que la laïcité « ne permettait pas d'interdire de manière générale qu'une personne exprime ses convictions religieuses dans l'enceinte d'un bâtiment public ou d'un service public, sous réserve qu'elle ne fasse pas acte de prosélytisme. »

Plus tard, certaines communes telles que Nice, Cannes, Villeneuve-Loubet ou encore Saint-Laurent-du-Var ont interdit le port du burkini sur leurs plages. Ces maillots de bain couvrant l'ensemble du corps et les cheveux demeurent extrêmement rares sur les plages françaises. La justification d'une telle prohibition était celle du contexte d'état d'urgence : cette « tenue de plage manifestant une appartenance religieuse » était « de nature à créer des risques de troubles à l'ordre public. » La Ligue des Droits de l'Homme (LDH) avait attaqué l'arrêté de la ville balnéaire de Mandelieu-la-Napoule interdisant l'accès aux plages et à la baignade à « toute personne ayant une tenue non respectueuse des règles d'hygiène et de sécurité. » Parmi les tenues clairement ciblées par la mairie se trouve le burkini. Le juge des référés du tribunal administratif de Nice a rejeté le recours de la LDH, le 7 juillet 2023, invoquant « un contexte actuel de cohabitation particulièrement tendue interreligieuse et intercommunautaire », ajoutant que cet arrêté vise à « prévenir à la survenance de troubles à l'ordre public sans porter atteinte grave et manifestement illégale aux libertés. »

Joan Scott a raison d'affirmer que « représenter les femmes voilées comme des terroristes potentielles a de nombreux effets contradictoires. D'un côté, ces femmes

---

ces voiles chez elle ou à l'extérieur, mais pas de façon systématique et qu'elle souhaitait pouvoir s'habiller comme bon lui semblait. Au nom de la marge d'appréciation des États, les juges de Strasbourg ont considéré cependant que la loi française ne portait pas atteinte à la Convention européenne des droits de l'homme.

sont considérées comme agressives et leur voile comme le drapeau d'une insurrection terroriste. De l'autre, elles sont représentées comme les victimes de leurs proches musulmans, des barbares qui utilisent les femmes pour faire avancer leurs propres objectifs. Dans les deux cas, le voile est tenu pour le signe ultime du défaut d'émancipation des femmes musulmanes, de leur soumission, forcée ou volontaire, à une culture dans laquelle prévaut un système de genre inégalitaire. Les appels à interdire le foulard, le voile ou le niqab (ou plus récemment encore, le burkini) sont toujours proférés au nom du droit des femmes à l'autodétermination et de l'égalité entre les sexes »[173].

Tout aussi surprenante a été la décision du Conseil d'État du 29 juin 2023 jugeant « que les fédérations sportives, chargées d'assurer le bon fonctionnement du service public dont la gestion leur est confiée, peuvent imposer à leurs joueurs une obligation de neutralité des tenues lors des compétitions et manifestations sportives afin de garantir le bon déroulement des matchs et prévenir tout affrontement ou confrontation. » Il estime que l'interdiction du voile islamique dans les compétitions sportives édictée par la Fédération française de football est « adaptée et proportionnée. »

À l'origine de cette censure vestimentaire se trouve une loi du 15 mars 2004 interdisant dans les écoles, collèges et lycées publiques le port de signes religieux jugés « ostentatoires. » Ce texte proscrit également le port de la kippa, des grandes croix chrétiennes ou encore du *dastaar*, un turban porté par les Sikhs. Ces dispositifs me semblent contraires au principe de liberté, en l'occurrence celle de se vêtir comme on l'entend ou d'exprimer, au travers de ses accoutrements ou accessoires, ses convictions

---

[173] J.W. Scott, *La religion de la laïcité*, Flammarion, Paris, 2018, p. 230.

religieuses à condition que le port de tels vêtements ou insignes soit libre et qu'il ne porte pas préjudice à autrui. Les lois mentionnées, ne s'interrogent nullement sur ce point et les interdisent au nom de l'ordre public et de la laïcité. Or l'existence d'un trouble à l'ordre public dans une telle hypothèse n'a pas été démontrée. En effet, si la dissimulation du visage peut constituer un risque pour la sécurité (vêtement dissimulant un terroriste), il aurait suffi d'établir que lors d'une interpellation policière, la femme soit obligée d'enlever momentanément son tissu afin de pouvoir identifier son visage.

De même, le port des signes religieux des élèves aurait pu être considéré comme une manifestation de la diversité et non pas comme une atteinte à la laïcité. Selon l'opinion dissidente d'un juge de la CEDH, « l'ensemble de ces valeurs peuvent tout aussi bien être interprétées comme justifiant une interdiction totale du port du voile intégral que comme appelant, au contraire, l'acceptation de ce code vestimentaire religieux et l'adoption d'une approche intégrationniste. À notre avis, c'est à juste titre que la requérante soutient que le Législateur français restreint le champ du pluralisme, dans la mesure où l'interdiction empêche certaines femmes d'exprimer leur personnalité et leurs convictions en portant le voile intégral en public. Partant, cette interdiction totale pourrait être interprétée comme le signe d'un pluralisme sélectif et d'une tolérance limitée. » Dans sa jurisprudence, la Cour a clairement évoqué le devoir de l'État de promouvoir une tolérance mutuelle entre des groupes opposés, et a déclaré que « le rôle des autorités (...) ne consiste pas à éliminer la cause des tensions en supprimant le pluralisme, mais à veiller à ce que les groupes concurrents se tolèrent les uns les autres. En interdisant le voile intégral, le Législateur français a fait exactement l'inverse : loin d'essayer de garantir la tolérance entre la très grande majorité et une petite minorité, il a interdit ce qui est vu comme un facteur de tensions. »

Pendant des siècles nous nous sommes cependant bien habitués à côtoyer des soutanes et des coiffes de nonne et, dans les pays latins, les foulards noirs en signe de deuil faisaient partie du quotidien des sociétés jusqu'à récemment.

Le dispositif légal censurant les signes ostentatoires constitue non seulement une atteinte à la liberté, mais encore une discrimination indirecte envers les personnes pratiquantes si tant est qu'il vise particulièrement les musulmanes. Jamais le droit n'a empêché un prêtre de se promener en soutane dans l'espace public. Il est regrettable que depuis une quinzaine d'années, les politiques ne cessent de céder aux fantasmes de l'opinion publique et qu'au lieu de faire preuve de pédagogie ils dégainent la sanction pénale comme arme démagogique.

L'approche canadienne de ces questions semble bien plus apaisée. Comme le propose la Cour Suprême : « Le concept de la liberté de religion se définit essentiellement comme le droit de croire ce que l'on veut en matière religieuse, le droit de professer ouvertement des croyances religieuses sans crainte d'empêchement ou de représailles et le droit de manifester ses croyances religieuses par leur mise en pratique et par le culte ou par leur enseignement et leur propagation. Toutefois, ce concept signifie beaucoup plus que cela [...] La liberté au sens large comporte l'absence de coercition et de contrainte et le droit de manifester ses croyances et pratiques. La liberté signifie que, sous réserve des restrictions qui sont nécessaires pour préserver la sécurité, l'ordre, la santé ou les mœurs publics ou les libertés et droits fondamentaux d'autrui, nul ne peut être forcé d'agir contrairement à ses croyances ou à sa conscience. » De surcroît, comme l'établit notre tradition libérale, il n'y a pas de crime sans victime. Qui est donc la victime du port de signes et d'accoutrements religieux ? Personne, s'il s'agit d'un choix libre. C'est pourquoi, le jour où l'on pourra permettre au moins théoriquement la cohabitation sur nos plages des nudistes et des burkinis, nous aurons fait la preuve de la solidité de nos croyances dans le respect des libertés et des choix d'autrui.

2. Le Conseil de l'Europe, le hijab et la liberté d'expression

La promotion de la diversité proposée par le Conseil de l'Europe dans une campagne montrant des portraits de plusieurs jeunes femmes voilées, accompagnés d'un message en anglais indiquant « mon foulard, mon choix » contraste avec l'unanimité de la condamnation de ces affiches par la classe politique française. De l'extrême droite à la gauche en passant par le gouvernement, cette campagne est considérée au mieux comme une atteinte à la dignité de la femme, au pire comme un instrument de la propagande islamiste. Selon Sarah El Hairy, secrétaire d'État chargée de la Jeunesse, c'est grâce à l'intervention du gouvernement qu'une vidéo a été supprimée, même si les autres affiches restent disponibles sur le site du Conseil de l'Europe. Au-delà des réactions viscérales que la campagne contre les discriminations de l'organisme européen a suscité en France, celui-ci pose un véritable problème de fond, à savoir si une femme adulte est libre de porter le voile et si ce choix constitue une atteinte à la laïcité ou, au contraire, si son choix enrichit la diversité culturelle de nos sociétés.

Pour l'extrême droite, la question ne peut nullement être posée de la sorte puisque le port du foulard est associé *in abstracto* au fondamentalisme islamiste. Pour la gauche et pour le gouvernement, le voile choque la majorité de la population française parce qu'il heurte non seulement la laïcité, mais aussi et surtout le principe d'égalité des sexes. Comme pour l'exercice d'autres libertés, telles que celle de se prostituer ou de pratiquer une GPA, les femmes sont perçues comme victimes et considérées comme incapables de consentir à certaines pratiques. Même si elles démontrent qu'aucune contrainte ne s'exerce sur elles, c'est pour mieux les protéger d'elles-mêmes et pour préserver leur dignité que l'État doit décider à leur place. Toutefois, dans les sociétés démocratiques, il ne peut y avoir de crimes sans victimes et la question qui demeure est celle de savoir qui est la victime du port des signes et accoutrements religieux. Personne, s'il s'agit d'un choix libre. Le discours paternaliste qui accompagne la censure du hijab contraste avec le combat des féministes, lequel a permis que les femmes puissent devenir des actrices autonomes, capables de choisir en toute liberté leur destin aussi bien sur le plan privé que politique. C'est pourquoi, de ce point de vue, lorsqu'une femme décide de porter le voile, il ne faut pas l'infantiliser en la traitant comme une victime ou la stigmatiser en la considérant comme une terroriste en puissance, mais simplement respecter son choix. En ce qui concerne la laïcité, comme le rappelle la jurisprudence des plus hautes juridictions françaises, en application des libertés et droits fondamentaux, l'État peut légiférer pour garantir la neutralité des services publics. En revanche, le Législateur ne peut pas imposer une neutralité dans l'espace public. De surcroît, le principe de laïcité indique qu'il n'appartient pas à l'État de porter une appréciation sur une pratique religieuse tout comme il ne lui appartient pas d'interpréter, de manière générale et abstraite, le sens du port du foulard ni d'imposer son point de vue aux femmes.

Concernant l'objection des partisans du voile comme porteur d'une idéologie, il convient de souligner qu'il n'existe aucun droit à ne pas être choqué par une identité culturelle ou religieuse quelconque, même si celle-ci est aux antipodes du style de vie français traditionnel. Dans le contexte d'atteintes à la liberté d'expression, la Cour européenne des droits de l'homme a souligné à maintes reprises que la Convention protège non seulement les opinions « accueillies avec faveur ou considérées comme inoffensives ou indifférentes, mais aussi celles qui heurtent, choquent ou inquiètent (...) ainsi le veulent le pluralisme, la tolérance et l'esprit d'ouverture sans lesquels il n'est pas de société démocratique. » Cela vaut aussi pour les codes vestimentaires témoignant d'opinions radicales comme par exemple les t-shirts avec l'image de Che Guevara.

Pour mettre fin aux guerres de religion et permettre la coexistence pacifique de tous les styles de vie, nos démocraties ont adopté le principe de non-nuisance qu'il convient de rappeler ici tel que défini par John Stuart Mill, et qui forme l'axe de sa réflexion sur la liberté en général, et sur la liberté d'expression en particulier :

« Le seul but dans lequel le pouvoir peut être exercé légitimement sur tout membre d'une communauté civilisée, contre sa volonté, est de prévenir tout préjudice à autrui. Son propre bien, physique ou moral, n'est pas une justification suffisante. (...) Sur lui-même, sur son corps et son esprit, l'individu est souverain. »

À vouloir lutter contre le multiculturalisme, le débat français ne risque-t-il pas de glisser vers une forme de monoculturalisme consistant à obliger les femmes à ne pas se couvrir leurs cheveux tout comme d'autres monoculturalismes fondamentalistes l'obligent à le faire ?

CHAPITRE IX

La liberté ultime

1. C'est au malade et à lui seul de décider

Les questions relatives aux aspects les plus intimes de l'existence comme la procréation assistée, le changement de sexe, l'IVG, la GPA, la fin de vie, l'inhumation ou encore la crémation, demeurent un monopole d'État. Et, si la Cour européenne des droits de l'homme considère : « le droit d'un individu de décider de quelle manière et à quel moment sa vie doit prendre fin, à condition qu'il soit en mesure de former librement sa volonté et d'agir en conséquence, est l'un des aspects du droit au respect de sa vie privée »[174], en France, le choix ultime n'est pas du ressort de l'individu. En effet, la loi Claeys-Leonetti de 2016 n'autorise pas l'aide active à mourir. Elle permet uniquement le recours à une sédation profonde et continue jusqu'au décès. Il s'agit, comme le soulignent les rapporteurs de la loi, de « laisser mourir sans faire mourir. »

Afin de réguler la situation, le président de la République a sollicité au Conseil économique, social et environnemental la mise en place d'une convention

[174] CEDH, le 20 janvier 2011.

citoyenne ayant comme mission de se prononcer sur l'état de la question et les avancements possibles.

Le mécanisme de la Convention citoyenne n'est pas original. D'autres ont déjà vu le jour tels que la Convention citoyenne sur le climat, le Grand débat national ou encore les États généraux de la bioéthique. Si l'article 6 de la Déclaration des droits de l'homme et du citoyen dispose que « la loi est l'expression de la volonté générale. Tous les citoyens ont droit de concourir personnellement ou par leurs représentants à sa formation ». L'adverbe « personnellement » n'est pas compris par le gouvernement comme « par soi-même. » Il ne faut pas se tromper, ce n'est pas nous qui participons à la Convention citoyenne, mais des représentants tirés au sort par un comité d'experts qui vont largement guider les propositions. Il ne s'agit nullement de laisser la parole au peuple, mais bien d'un contrôle conscient et délibéré, en vue d'obtenir un résultat sous la surveillance des spécialistes. Malgré l'apparence démocratique, il s'agit toujours d'une entreprise du Pouvoir mise en œuvre au nom du bien-être de chaque individu supposé être ignorant et non-initié. Dans une situation aussi intime que la fin de vie, seul le patient devrait être le véritable expert de lui-même. Certes, la loi Claeys-Leonetti a créé de nouveaux droits en faveur des malades et des personnes en fin de vie. Toutefois, ce dispositif ne répond pas nécessairement à la demande de certains patients d'assumer leur mort et de donner du sens à la dernière phase de l'existence, surtout lorsqu'on sait qu'aucune étude scientifique ne prouve que le patient sédaté cesse de souffrir[175] et que six ans après l'adoption de la loi, 94 % des Français

[175] M. Tomczyk, M-L. Viallard, S. Beloucif, « Sédation continue, maintenue jusqu'au décès : un traitement vraiment efficace ? Étude qualitative internationale auprès de professionnels de santé », *Revue internationale de soins palliatifs*, 2018/3.

approuvent le recours à l'euthanasie. Le juriste et grand spécialiste des droits fondamentaux Jean Rivero avait raison d'affirmer que « la vie privée est une sphère de chaque existence dans laquelle nul ne peut s'immiscer sans y être convié. La liberté de la vie privée est la reconnaissance, au profit de chacun, d'une zone d'activité qui lui est propre et qu'il est maître d'interdire à autrui. » La protection de l'intimité renvoie à la dignité de la personne en son for intérieur, d'autant qu'elle comporte un élément subjectif du malade, vulnérable en raison de son affection, de sa prise en charge, de sa dépendance et des interventions réalisées sur son corps.

Dès lors que la manière de mourir relève d'un choix intime, ce devoir de non-ingérence devrait s'appliquer aussi bien à l'État qu'à ses experts autoproclamés en Humanité - du Comité national consultatif d'éthique à l'Agence de biomédecine en passant par le Centre national des soins palliatifs et de la fin de vie, si enclins à prononcer une sorte de pastorale laïque qui prétend savoir mieux que le patient lui-même ce qui lui convient.

Dans une société pluraliste, il n'existe pas une conception de la « bonne mort » à laquelle l'ensemble des personnes pourraient s'identifier. Il est donc fondamental que chacun puisse en décider librement.

Aussi, la seule loi juste en la matière est celle qui s'abstient de dire aux malades comment assumer la mort et donner du sens à la fin de l'existence. Pour ce faire, il faut que ces derniers aient le choix entre les soins palliatifs (à l'hôpital ou à domicile), la sédation profonde, mais aussi l'euthanasie et le suicide assisté. Il faut également leur garantir la possibilité de changer d'avis à tout moment. La loi juste est celle qui laisse la décision finale aux principaux concernés, c'est-à-dire les mourants.

Enfin, on doit accorder le même crédit à ceux qui préfèrent continuer à vivre y compris dans des conditions difficilement supportables qu'à ceux qui formulent une demande d'aide active à mourir : c'est au malade et à lui seul d'en décider selon sa propre morale et dans l'intimité de sa conscience.

2. Penser la fin de vie

L'accès à l'aide active à mourir tel qu'il a été proposé par la Convention citoyenne a permis non seulement la réouverture du débat sur la fin de vie, mais aussi l'adoption d'un projet de loi en la matière. En proposant à la fois le suicide assisté et l'euthanasie, la Convention citoyenne reprend une vieille tradition occidentale qui trouve ses racines dans la philosophie classique. Celle-ci proposait une herméneutique de l'existence articulée autour de la mort. Pour Socrate, savoir vivre impliquait savoir mourir. La philosophie n'est autre chose qu'une « pratique de la mort » (*mélétè thanathou) :* mourir dans le corps pour naitre dans la pensée. La Grèce antique, qui n'avait pas peur des mots, voyait dans la *kallos thanatos*, la mort noble un idéal partagé par les Romains : *Bene autem mori est effugere male vivendi periculum* (bien mourir, c'est échapper au danger de mal vivre), affirmait Sénèque. « Je choisis moi-même mon bateau quand je m'embarque et la maison où je vais habiter ; j'ai le même droit de choisir le genre de mort, par où je vais sortir de la vie. » *(Lettres à Lucillus).*

La pensée libérale reprend cette tradition en laissant l'individu libre de choisir sa mort. L'État est conçu comme une protection de l'individu contre autrui. John Stuart Mill affirmait que « en ce temps de progrès des affaires humaines, il faut que l'individu conteste les règles provenant de l'extérieur, décide par lui-même, au point que personne n'est en droit de lui prescrire des normes, y compris pour l'empêcher de se faire tort à lui-même. »

Chacun devant « poursuivre son propre bien selon sa propre voie », en se retenant de léser autrui, il en découle que « toute restriction en tant que telle est un mal. » (*On Liberty*, 1859).

La tradition judéo-chrétienne refuse de voir une distinction entre euthanasie et homicide. Selon le catéchisme de l'Église catholique, « l'euthanasie volontaire, quels qu'en soient les motifs et les formes, constitue un meurtre. Elle est gravement contraire à la dignité de la personne humaine et au respect du Dieu vivant, son Créateur. » Toutefois, l'acceptation, voire l'encouragement des soins palliatifs par l'Église, depuis Pie XII, sont venus nuancer la condamnation théologique et donner une dimension compassionnelle à la question de la fin de vie. C'est dans cette tradition de commisération que furent adoptés en France les principaux textes depuis la circulaire du 26 août 1986 relative à « l'organisation des soins et à l'accompagnement des malades en phase terminale » et plus tard la loi du 9 juin 1999 « visant à garantir le droit à l'accès aux soins palliatifs » jusqu'à la loi du 2 février 2016 en passant par la loi Kouchner de 2002 et la loi Leonetti de 2005. L'esprit de tous ces textes pourrait se résumer comme suit : il vaut mieux respecter la vie du patient plutôt que sa volonté de mourir.

Il s'agit cependant de deux questions distinctes. Les soins palliatifs, en tant qu'acte médical visant à soulager la douleur, à apaiser la souffrance et à soutenir le malade et son entourage, constituent un droit nécessaire, mais pas suffisant. La réalité démontre que le développement des soins palliatifs, y compris la sédation profonde, ne mettent pas fin à la demande sociale d'aide active à mourir. L'un n'exclut pas l'autre et seule l'euthanasie et surtout le suicide assisté (sans pressions ou influences externes) garantissent l'autodétermination et la souveraineté individuelles à condition que le patient puisse choisir également les soins palliatifs en toute liberté[176].

L'histoire juridique de la fin de vie en France montre bien que la question n'a jamais été traitée comme celle d'une liberté protégée par l'État, mais comme d'un acte médical de compassion. C'est effectivement dans ce climat d'émotion populaire provoquée par certaines affaires très médiatisées (Chantal Sébire, Vincent Humbert, ou encore Vincent Lambert) que le politique a réagi en mobilisant son magistère d'experts agréés : Commission de réflexion sur la fin de vie, sous la direction du Pr Didier Sicard, avis du Comité consultatif national d'éthique (CCNE) sur la Fin de vie, autonomie de la personne, volonté de mourir (avis n° 63 et n° 121), Conférence de citoyens, Espaces régionaux de réflexion éthique, Rapport sur le débat public concernant la fin de vie du CCNE, État généraux de la bioéthique, etc.

François Hollande avait même fait de « l'assistance médicalisée de la mort » une promesse électorale jamais tenue. Alors que 94% des Français approuvent le recours à l'euthanasie et 89% sont favorables au suicide assisté, alors que le président Macron s'est dit personnellement favorable à l'euthanasie et que le CCNE ouvre la voie à une aide active à mourir[177], alors que nos voisins belges, suisses, italiens, luxembourgeois, espagnols, anglais,

---

[176] Il faut distinguer l'aide médicale à mourir, appelée aussi euthanasie *active*, de la cessation des traitements qui entraîne la mort, connue comme euthanasie *passive*. La cessation de traitement découle du droit de chaque individu de consentir ou non à des soins. On parle de suicide assisté lorsqu'un médecin fournit les substances létales à une personne qui se les administre elle-même. L'aide médicale à mourir se distingue de cette situation en ce que l'acte doit être posé par un médecin et dans des conditions établies strictement par la loi notamment lorsque la personne se trouve dans l'incapacité physique ou psychologique de le faire alors qu'elle avait effectué une demande explicite.

[177] CCNE, Questions éthiques relatives aux situations de fin de vie : autonomie et solidarité, avis n° 139, 13 septembre 2022.

portugais et autrichiens disposent déjà du droit de l'aide médicale à mourir, la France peine à proposer un nouveau cadre légal et ceci malgré le fait que plusieurs parlementaires avaient déposé le 19 janvier 2021 une proposition de loi n° 3755 « visant à affirmer le libre choix de la fin de vie et à assurer un accès universel aux soins palliatifs en France », largement soutenue de manière transpartisane. L'échec de cette proposition de loi qui n'a pas été débattue ne ferme pas le débat puisque la Convention citoyenne s'est majoritairement positionnée en faveur de l'aide active à mourir.

Contrairement aux conclusions de la Convention citoyenne de 2023, les bonnes intentions politiques et les avis d'experts relèvent plus du paternalisme et du dolorisme[178] que de la recherche d'une solution émancipatrice respectueuse de l'autonomie du malade.

L'État libéral est celui qui permet aux individus de choisir librement et de manière éclairée (selon ses convictions personnelles, sa situation sanitaire, sa tolérance à la souffrance, sa perte d'autonomie, etc.), en garantissant leurs droits à mourir naturellement, d'accéder aux soins palliatifs à l'hôpital ou à domicile et à la sédation profonde, de laisser des directives anticipées pour organiser sa fin de vie, mais aussi de disposer d'une aide active à mourir sous toutes ses formes ou de la refuser. Seul l'individu sait ce qui est digne pour lui et aucune autorité, en dehors de celle de sa conscience, ne peut lui imposer de subir une souffrance considérée insupportable.

Comme le dit un proverbe danois, « la mort est l'amie du mourant. » Souvent, la souffrance du corps est telle que la douleur atteint la profondeur de l'âme et devient insupportable. C'est pourquoi les soins palliatifs

[178] Doctrine attribuant à la douleur une valeur morale, esthétique et intellectuelle.

constituent le préalable et la condition *sine qua non* de la fin de vie. En ce sens, le gouvernement a annoncé un grand chantier de soins palliatifs afin de s'occuper de tous les malades qui le nécessitent.

Plusieurs dispositifs légaux ont organisé la prise en charge de la souffrance physique, mais aussi psychique, relationnelle, sociale et existentielle de la personne malade et de son entourage. La loi Claeys-Leonetti instaure un droit à la sédation profonde et continue, maintenue jusqu'au décès, pour les personnes dont le pronostic vital est engagé à court terme. Le médecin est obligé de respecter la volonté du patient après l'avoir informé des conséquences et de la gravité de ses choix. Le projet de loi en débat à l'Assemblée nationale s'inscrit pleinement dans cette perspective de complémentarité entre les soins palliatifs (auxquels la loi garantit l'accès et la qualité) et l'aide active à mourir.

Commençons pour cela par observer que même dans les pays où les soins palliatifs sont particulièrement développés, comme le Royaume-Uni, l'Australie ou l'Irlande, tantôt l'aide active à mourir est légalisée tantôt elle fait l'objet de débats parlementaires et d'âpres batailles judiciaires.

Contrairement à ce qu'affirment les opposants au projet de loi, l'euthanasie n'est pas nécessairement et avant tout un appel à l'aide. Et si c'était le cas, quelle autorité, autre que la conscience personnelle du malade, saurait discerner s'il s'agit d'un appel à l'aide ou d'un désir intime de mourir ?

Considérer de manière paternaliste que l'individu ne serait pas en mesure de décider librement de son sort ultime va à l'encontre de l'autonomie décisionnelle du patient et vide de sens la notion même de « directives anticipées. » Les soins palliatifs sont évidemment nécessaires, mais croire que leur accès universel mettra fin à la demande d'euthanasie semble bien illusoire.

Une observation tant soit peu attentive montre que chaque année, plusieurs centaines de personnes, même ayant accès aux soins palliatifs, traversent les frontières de l'Hexagone pour se rendre aux Pays-Bas, en Belgique, en Suisse ou en Espagne afin de mettre dignement fin à leurs jours.

Si pour la morale religieuse, l'euthanasie et le suicide assisté sont irrecevables, l'adoption de la loi n'implique nullement l'obligation pour le patient de solliciter une aide active à mourir tout comme pour le médecin de la mettre en œuvre, car la future loi prévoit une clause de conscience.

L'éthique, contrairement au dogme, n'est pas un corps de doctrine, mais un exercice de discernement y compris même parmi les croyants. À cet égard, le philosophe François Galichet souligne : « Parce que la vie est un don de Dieu, elle est un bien dont nous sommes pleinement responsables, de son commencement (l'âge de raison) jusqu'à son terme (la mort). Exclure la mort du champ de notre liberté, c'est faire injure à Dieu, le considérer non comme un Dieu d'amour, mais comme un Dieu jaloux, possessif, imposant des interdits et des restrictions à ce qu'il donne, ne faisant pas confiance aux êtres qu'Il a créés libres et responsables. »

Pour ceux qui considèrent que l'interdiction de l'euthanasie est un devoir moral envers soi-même, sa légalisation n'affecte nullement cet impératif, mais au contraire, elle ne fera que renforcer la qualité du choix de refuser la mort. Aussi, on entend souvent dans le débat que si l'on accepte l'euthanasie volontaire de certains malades (souffrant d'une maladie irréversible rendant la vie insupportable) on en viendra à mettre à mort, sans consentement, les personnes indésirables comme les malades mentaux, les indigents, les comateux. Or, le projet de loi construit un dispositif contraire à la « pente fatale » en assurant à la fois l'accès aux soins palliatifs et le contrôle des conditions de l'aide active à mourir (choix libre et éclairé, souffrance insupportable, décision collégiale des professionnels…)

Le projet de loi est le résultat de la Convention citoyenne. Il est en conformité avec le Comité d'éthique, le Conseil économique, social et environnemental et l'opinion publique. Outre l'interdiction aux mineurs et aux malades psychiques, le texte prévoit également une clause de conscience pour les médecins et soignants qui ne souhaitent pas participer à l'aide active à mourir.

Enfin, il semble important de comprendre qu'imposer le maintien en vie à ceux qui n'en veulent plus est une violence arbitraire. Laissons le Parlement faire son travail non pas pour obliger ni pour interdire, mais tout simplement pour permettre à chacun de choisir librement sa fin de vie.

Dix ans après la promesse électorale non tenue de François Hollande (engagement n° 21), Macron affirmait en 2022 : « Je soumettrai la fin de vie à une convention citoyenne, et sur la base des conclusions de celle-ci, je soumettrai ou à la représentation nationale ou au peuple le choix d'aller au bout du chemin qui sera préconisé. » Conformément à sa promesse, la grande réforme sociétale du deuxième mandat du président est en train de se faire. C'est maintenant à la représentation populaire de s'exprimer.

CONCLUSION

La croisade morale du féminisme

Grâce au mouvement des femmes, une plus grande démocratisation de la sexualité a vu le jour permettant désormais que l'individu ait un choix érotique libre de toutes les contraintes, y compris celles liées au genre. Toutefois, alors que les femmes se trouvent protégées juridiquement et socialement comme jamais elles ne l'ont été dans l'histoire occidentale, un discours victimaire a progressivement installé l'idée selon laquelle la justice et la police seraient non seulement insensibles aux violences faites aux femmes, mais participeraient d'une certaine forme de laxisme, voire de complicité vis-à-vis d'un système pénal particulièrement indulgent à l'égard des « violeurs » et des « prédateurs sexuels. » Bien que la multiplication des lois répressives en la matière et la statistique criminelle montrent exactement le contraire, une sorte de « justice » médiatique s'est imposée utilisant largement les réseaux sociaux pour évincer professionnellement, voire bannir socialement tout individu soupçonné d'être l'auteur d'une infraction sexuelle. Pour comprendre ce paradoxe apparent, je propose d'analyser l'idéologie qui le sous-tend, à savoir le féminisme différentialiste ou néo-féminisme. Il s'agit de mettre en évidence un glissement progressif de la lutte légitime contre les violences sexuelles, notamment faites aux femmes, vers une idéologie sexiste, sectaire et répressive selon laquelle la femme est nécessairement victime et l'homme naturellement bourreau.

Le féminisme classique a organisé son combat autour des droits fondamentaux comme le suffrage universel, la libre disposition du corps et de la sexualité, le droit au travail et l'autonomie bancaire, la réforme du divorce, l'accès à l'éducation... Il prend appui sur le primat de l'individu qui, quel que soit son sexe, doit pouvoir jouir des mêmes droits et libertés de façon autonome. Son présupposé était celui de la ressemblance des genres et impliquait une égalité de traitement. Son origine philosophique, les idéaux des Lumières. Au nom du progrès de l'humanité vers le bonheur et la modernité, John Stuart Mill défend l'idée qu'être fille ou garçon ne doit plus entraver une égalité parfaite dans les sociétés où les individus ne sont plus déterminés par leur naissance (*L'assujettissement des femmes*, 1869).

Sociologiquement, ce féminisme a permis de remettre en question les rôles traditionnels des femmes (mère, ménagère, épouse…) pour justement mettre en évidence leur capacité à s'émanciper des carcans sociaux. C'est grâce à lui que les grandes réformes légales destinées à éliminer les entraves à la liberté furent adoptées depuis le congé de maternité en 1909 jusqu'à la PMA pour toutes en 2021, en passant par le droit de vote en 1944 et l'égalité de rémunération en 1972 notamment. Toutes ces lois se fondaient implicitement sur une vision symétrique des droits, de l'équivalence entre les hommes et les femmes et tendaient, par l'égalité matérielle, à compléter les insuffisances de l'égalité purement formelle. Ce paradigme de la liberté et de l'autonomie basé sur la similitude est aujourd'hui progressivement mis en cause par une vision fondée sur la différence sexuelle selon laquelle les femmes agissent de manière substantiellement distincte des hommes, en particulier lorsqu'il s'agit de résoudre des conflits moraux. Ce présupposé a donné naissance à l'éthique du *care* (sollicitude, diligence)[179] contre la vision juridique fondée sur l'abstraction, le rationalisme et l'individualisme, réputés de nature masculine. Pour le féminisme différentialiste, il ne s'agit pas seulement de constater cette différence, mais de réorganiser l'ordre sexuel en plaçant l'éthique féminine au-dessus du droit. On passe ainsi du descriptif au prescriptif. Dorénavant, il ne s'agit plus d'égalité, mais de déconstruction de l'ordre masculin. Pour ce faire, les militantes néo-féministes utilisent le genre comme une idéologie de substitution à la classe[180]. Ainsi, selon l'anthropologue Gayle Rubin, les hommes ont créé un système de classe sexué (*sex-class-system*) en fonction de leurs intérêts[181]. L'idée n'est pas originale. Elle fut avancée il y a plus d'un siècle par Friedrich Engels dans *L'origine de la famille, de la propriété privée et de l'État* lorsqu'il affirmait que « dans la famille, l'homme est le bourgeois ; la femme joue le rôle du Prolétariat. » Dans le même ordre d'idées, plus tard Colette Guillaumin va

[179] C. Gilligan, *In a Different Voice. Psychological Theory and Women's Development*, Harvard University Press, 1982. Selon l'idéologie du *care*, seules les femmes seraient capables de prendre soin des vulnérables. La personne vulnérable est celle qui n'est pas en mesure de se protéger en raison de son âge, d'une maladie, d'une infirmité, d'une déficience physique ou psychique ou d'un état de grossesse. Outre le paternalisme qu'il véhicule, le *care* essentialise à la fois les femmes et les vulnérables.

[180] « Nous détestons les hommes parce que ce sont eux qui ont lancé les hostilités, et que la guerre des sexes (…) est une lutte des classes qui viole nos corps, tue nos sœurs, épuise nos esprits et piétine nos droits », Pauline Harmange, « Pourquoi haïr les hommes ? La misandrie comme autodéfense féministe », *Revue du Crieur*, vol. 17, n° 3, 2020, pp. 154-159.

[181] G. Rubin, « The Traffic in Women: Notes on the "Political Economy" of Sex », in Rayna R. Reiter (dir.), *Toward an Anthropology of Women*, New York, Monthly Review Press, 1975.

comparer la condition des épouses à celle de « l'esclavage des plantations. »[182]

Si le féminisme classique acceptait le droit comme un champ de la lutte politique, le féminisme différentialiste le conteste comme un outil au service des hommes et au détriment des femmes. Ce récit radical fut articulé par une professeure de droit étasunienne, Catherine Mackinnon, dont les travaux ont influencé non seulement les théoriciennes du féminisme matérialiste, mais aussi la Cour suprême du Canada qui a censuré la pornographie non pas au nom de l'obscénité, mais en raison du préjudice porté aux femmes. Ainsi, dans l'affaire *Butler*, la Cour expliqua que « [...] le matériel dégradant ou déshumanisant place des femmes en état de subordination, de soumission avilissante ou d'humiliation. Il est contraire aux principes d'égalité et de dignité de tous les êtres humains. » Cette position est soutenue par une reconnaissance du fait que « [...] la représentation de personnes qui subissent un traitement sexuel dégradant ou déshumanisant entraîne un préjudice, notamment à l'égard des femmes et, par conséquent, de l'ensemble de la société. » (*R. c./Butler* 1992).

Suite à l'affaire *Butler*, la Cour s'est prononcée à plusieurs reprises confirmant sa position en justifiant la censure non seulement de la pornographie, mais aussi des spectacles de danseuses nues (*R. c./Mara* 1997). En fondant l'arrêt *Butler* sur une conception des rapports sexuels propre à la vision néo-féministe, la Cour présuppose une certaine unanimité au sein du débat féministe, alors que ce n'est nullement le cas puisque pour le féminisme libéral et les féministes pro-sexe, la pornographie est une question de goût personnel et peut

---

[182] C. Guillaumin, « Pratique du pouvoir et idée de Nature, (1) : l'appropriation des femmes », *Questions féministes*, n° 2, « Les corps appropriés », février 1978, pp. 7 et 9.

même participer à l'émancipation des femmes en mettant fin à l'assignation culturelle d'une sexualité féminine nécessairement attachée aux sentiments.[183]

Plus tard, dans l'arrêt *Little Sisters Book and Art Emporium vs. Canada* du 15 décembre 2020, la Cour nuance sa position s'agissant du matériel pornographique LGBT lequel ne peut pas être confisqué par les douanes sans porter atteinte à la liberté d'expression de cette « communauté. »

Dans la *Weltanschauung* néo-féministe, le « collectif Femme » constitue l'élément à protéger, contrairement à la défense des droits individuels de chaque femme particulière comme le considérait le féminisme traditionnel. La mécanique est aussi manichéiste qu'efficace, il faut commencer par constituer une communauté homogène de victimes (peu importe qu'elles soient ministres ou femmes de ménage, CEO ou immigrées, la masse est dépourvue de nuances). Ensuite, il faut maximiser les discriminations du groupe dominé (différence de salaires : 16% de moins en raison du temps partiel et de l'emploi occupé ; répartition des tâches ménagères : 2h34 pour les femmes et 2h10 pour les hommes, exposition au chômage…) et minimiser celles des supposés dominants (la grande majorité de victimes en temps de guerre sont des hommes, l'espérance de vie à la retraite est bien moindre pour les hommes que pour les femmes, 21 ans contre 27, les hommes sont plus exposés aux conditions de travail pénible et aux accidents de travail que les femmes, le taux de suicide est trois fois plus élevé pour les hommes, les juges confient la garde exclusive des enfants à seulement 9 % des pères).[184]

---

[183] W. McElroy, *A Woman's Right to Pornography*, Martin's Press, 1995.

[184] C. Bonnet, B. Garbinti et As. Solaz, « Les conditions de vie des enfants après le divorce », INSEE Première, n° 1536, 4 février 2015. Voir aussi F. Cyr et G. Carobene, (2004) « Le devenir des enfants de parents séparés : bilan

Le féminisme différentialiste ne s'intéresse pas tant aux droits des femmes, qu'au statut politique de la Femme. Le genre devient ainsi la « classe des femmes » analogue à celle du prolétariat et comme lui, elle est victime de l'appropriation à la fois collective et individuelle par la « classe des hommes », bénéficiaire directe de l'exploitation des femmes.

Le discours néo-féministe a progressivement imposé l'idée selon laquelle nos sociétés « libertines » baigneraient dans un climat de tolérance vis-à-vis des violences sexuelles. Concernant le supposé libéralisme ambiant en matière de sexualité, force est de constater que le durcissement des sanctions contre les clients de la prostitution, la diabolisation de la pornographie[185] et l'intolérance à l'égard de la nudité[186] prouvent précisément le contraire. Un collectif, comparant hâtivement la pornographie aux « actes de torture et de barbarie », a appelé à faire cesser l'industrie du sexe dans ces termes : « la pornographie répond à l'idéologie patriarcale selon laquelle les hommes devraient dominer les femmes, (…) elle fait l'apologie de l'oppression des femmes. L'imposition systématique de ces images à répétition réduit l'imaginaire sexuel des individus. »[187]

---

d'une réalité complexe. » Dans *Séparation, monoparentalité et recomposition familiale : bilan d'une réalité complexe et pistes d'action*, sous la dir. de M-Ch. Saint Jacques, D. Turcote. S. Drapeau et R. Cloutier, Québec, Les Presses de l'Université Laval, p. 3-31.

[185] L'offensive commence en 2001 par la ministre socialiste déléguée à la famille, Ségolène Royal, elle est suivie par le président du Conseil Supérieur de l'Audiovisuel en 2002 et par une proposition de loi visant à interdire la diffusion de films dits « pornographiques » à la télévision, déposée par la député conservatrice Christine Boutin cette même année.

[186] Pour exemple, *La Liberté guidant le peuple* de Delacroix a été censurée par Facebook parce que la liberté y a les seins nus.

[187] Collectif, « Les méthodes de l'industrie pornographique sont identiques à celles des réseaux de traite des êtres humains », *Le Monde*, 21 décembre 2020 (organisé par l'association *Osez le féminisme*, Sandrine Rousseau et Clémentine Autain, entre autres).

Cette opinion n'est nullement originale. Dans les années 1980, un collectif de féministes étasuniennes (*Women Against Pornography*) avait poussé la ville d'Indianapolis à promulguer un arrêté contre la pornographie définie comme « la représentation de l'asservissement sexuel des femmes... » Une définition aussi large qu'imprécise de l'infraction avait suscité l'inquiétude des juristes qui observaient que ce texte permettait de condamner plusieurs œuvres artistiques. La réponse fut laconique : « Si une femme est asservie, qu'est-ce que cela change que l'œuvre ait une autre valeur ? »[188] Cet argument rend pratiquement impossible de protéger la liberté d'expression et la liberté artistique. En effet, plus tard, *La Vénus d'Urbin* de Titien, les *Deux Tahitiennes* de Gauguin, *Therese Dreaming* de Balthus, *La petite danseuse* de Degas ou encore *L'origine du monde* de Courbet ont été mis à l'index sous l'influence de ce même raisonnement. Des films tels que *Blow up* d'Antonioni, *À bout de souffle* de Godard et même *Parle avec elle* d'Almodovar se trouvent dans la liste noire des œuvres misogynes. Sous la pression des militantes néo-féministes, le groupe Hachette décide en 2020 de ne pas publier les mémoires de Woody Allen alors pourtant jamais condamné ni même poursuivi. L'*Art Gallery* de Manchester ira jusqu'à enlever le tableau *Hylas et les nymphes* de John William Waterhouse accusé de représenter une « forme passive et décorative du corps des femmes. » Or, s'il existe une victime ici c'est bien Hylas qui fut enlevé par les nymphes Euneika, Malis et Nychéa et séparé à jamais de son amant Héraclès.

Plus récemment, Marlène Schiappa a accusé la cinémathèque de Paris de favoriser la culture du viol pour

---

[188] Catharine MacKinnon, « Pornography, Civil Rights and Speech », *Harvard Civil Rights/Civil Liberties Law Review*, vol. 20, n° 1, 1985.

présenter une rétrospective de Roman Polanski. Enfin, la projection du film de Brigitte Sy, *L'Astragale* a été annulée d'un festival au motif que la réalisatrice s'est montrée critique du mouvement #*Metoo*.

De même, la liberté des travailleuses du sexe n'est nullement garantie puisque la rhétorique différentialiste considère que, « placées en situation d'objets et donc assujetties à la violence, les femmes sont réifiées au service de la sexualité déresponsabilisée des hommes. »[189] Pourtant, l'ensemble des rapports d'évaluation de la loi pénalisant les clients de la prostitution, censée les protéger, montre qu'elle aggrave la situation de précarité et détériore la situation sanitaire des personnes qui se prostituent[190].

Si la lutte contre les violences sexuelles constitue, à n'en pas douter, un combat majeur qui concerne la citoyenneté dans son ensemble, on ne peut toutefois pas laisser croire que ces infractions demeurent en France très peu sanctionnées, voire tolérées.

La rhétorique néo-féministe atteint son plus haut degré de démagogie lorsqu'elle réussit à imposer l'idée selon laquelle le système judiciaire serait extrêmement laxiste vis-à-vis des violences sexuelles et sexistes. Rien n'est plus faux. Depuis vingt ans les condamnations pour infraction sexuelle ne cessent de croître. Le viol et les agressions sexuelles constituent la quatrième cause d'incarcération. Les détenus pour agressions sexuelles

---

[189] F. Laborie et al., *Dictionnaire critique du féminisme*, Presses Universitaires de France, 2004, p. 162.

[190] P. Willaert et al., *Évaluation de la loi du 13 avril 2016 visant à renforcer la lutte contre le système prostitutionnel et à accompagner les personnes prostituées*, rapport de l'Inspection Générale des Affaires sociales, de l'inspection générale de l'administration et de l'inspection générale de la justice, décembre 2019 ; Médecins du Monde, *Enquête sur l'impact de la loi du 13 avril 2016 contre le " système prostitutionnel ". Que pensent les travailleur.se.s du sexe de la loi prostitution*, 12 avril 2018.

représentent 11% des condamnés définitifs en France[191], alors que la moyenne européenne est d'environ 5%. Comme le note A. Darsonville, « l'investissement législatif dans la lutte contre la criminalité de nature sexuelle connaît aujourd'hui une mutation pour devenir un véritable surinvestissement. »[192].

Par la lourdeur de la peine[193], par son application extraterritoriale[194], par le régime de prescription de l'action publique (30 ans à partir de la majorité de la victime), par le refus d'aménagement des peines en cas de récidive, par l'interdiction de la médiation, par les mesures de sûreté, par le périmètre de circonstances aggravantes (art. 132-77 du Code pénal), par la possibilité de rouvrir à tout moment l'enquête même sur des faits prescrits, par l´accompagnement des mesures cliniques à côté de la sanction (injonction de soins, castration chimique), par l´étendue des moyens par lesquels l'infraction peut être commise (violences sexuelles, psychologiques et numériques), par les personnes habilitées à constater l'infraction, par l'aménagement de la charge de la preuve et par la création d'un fichier automatisé d'auteurs d'infraction sexuelles (FIJAIS), l'infraction sexuelle est sanctionnée par un dispositif d'exception plus proche de la lutte contre le terrorisme que du droit pénal commun. À tel point que certaines formes de violences sexuelles peuvent constituer un crime contre l'humanité : l'article 212-1§7

---

[191] Ministère de la Justice, « Les chiffres clés de l'administration pénitentiaire », janvier 2018, p.6.

[192] A. Darsonville, « Le surinvestissement législatif en matière d'infractions sexuelles », *Archives de politique criminelle*, vol. 1, n° 34, 2012/1 (n° 34).

[193] « Les crimes sexuels sont souvent plus sévèrement sanctionnés que les crimes de sang. » Cf. Syndicat de la magistrature, *Le sexe et les juges*, Syllepse, Paris, 2006, p. 21.

[194] Même si l'acte n'est pas punissable, dans le pays où il a été commis et indépendamment du fait que la victime ait porté plainte, c'est la loi française qui s'applique de manière extraterritoriale

du Code pénal dispose : « Constitue également un crime contre l'humanité et est puni de la réclusion criminelle à perpétuité (…) commis en exécution d'un plan concerté à l'encontre d'un groupe de population civile dans le cadre d'une attaque généralisée ou systématique comme le viol, la prostitution forcée, la grossesse forcée, la stérilisation forcée ou toute autre forme de violence sexuelle de gravité comparable. »

Pour renforcer la répression, une nouvelle infraction, le harcèlement de rue (outrage sexiste), a été introduite dans le Code pénal. En 2021, une nouvelle ligne téléphonique a été ouverte pour faciliter les dénonciations, et un millier de places d'hébergement supplémentaires ont été habilitées pour accueillir des femmes se déclarant victimes de violences sexuelles. Aussi, tous les commissariats et gendarmeries sont dotés de personnel supplémentaire pour leur prise en charge. Une cellule interministérielle de lutte contre les violences faites aux femmes et aux filles permet de mieux coordonner la répression. De même, un fichier des auteurs de violences conjugales a été créé en 2021. De surcroît, l'État se porte garant pour le bail de location des femmes se disant victimes de violences sexuelles. Notons également que le budget du Programme d'égalité entre les femmes et les hommes a augmenté de 40% en 2021.

Aussi, un « stage de responsabilisation pour la prévention et la lutte contre les violences au sein du couple et sexistes » est prévu dans la loi comme alternative à la peine. De plus, la loi pénale permet d'exonérer de toute responsabilité criminelle le « médecin ou professionnel de la santé » qui passerait outre le secret médical pour « porter à la connaissance du procureur de la République une information relative aux violences au sein du couple (…) lorsqu'il estime en conscience que ces violences mettent la vie de la victime majeure en danger et que celle-ci n'est pas en mesure de se protéger en raison de la contrainte morale résultant de l'emprise exercée par l'auteur des violences. » Le Grenelle des violences conjugales a mobilisé le gouvernement pour renforcer la répression en la matière (bracelets anti-rapprochement, ordonnances de protection…). Aussi, pour les femmes étrangères en situation irrégulière, la loi prévoit une ordonnance de protection avec délivrance d'un titre de séjour.

Les violences sexuelles enregistrées par la police et la gendarmerie sont en hausse depuis 2012 : dans un contexte d'incitation à « libérer » la parole et d'amélioration de l'accueil des plaignantes, la tendance à la hausse s'est nettement accélérée en 2018 (+19 %) et 2019 (+12%).

Pendant la crise sanitaire, le nombre de plaignantes de violences sexuelles enregistré par les services de sécurité augmente en 2020 (+ 3 %)[195]. Comme le note le ministère de l'Intérieur, « l'augmentation sensible des violences sexuelles enregistrées ces dernières années s'explique notamment par une évolution du comportement de dépôt de plainte des victimes supposées, dans le climat des différents mouvements sur les réseaux sociaux ayant favorisé la dénonciation de ce type d'agressions. En outre, l'augmentation des violences sexuelles enregistrées s'inscrit dans un contexte d'amélioration des conditions d'accueil des victimes par les services (formations spécifiques, organisations adaptées, intervenants médico-sociaux…). »

Par ailleurs, les études scientifiques démontrent que les criminelles agressant des hommes sont condamnées à des peines moins longues que lorsqu'elles s'en prennent à des

[195] Ministère de l'Intérieur, Insécurité et délinquance en 2020 : bilan statistique, Service statistique ministériel de la sécurité intérieure (SSMSI), avril 2021, p. 94.

femmes[196] ; les hommes qui s'en prennent à des femmes sont les criminels condamnés aux peines les plus longues[197]. Inversement, en cas de crime sexuel, les gens considèrent comme moins coupable une femme ayant agressé un homme qu'un homme ayant agressé une femme[198].

Nombreuses personnalités ont vu leurs carrières artistiques ou politiques voler en éclats par une accusation d'agression sexuelle sans qu'elles n'aient été jugées ni même mises en examen. De nombreuses affaires ont mis en évidence les effets dramatiques des calomnies des supposées victimes promues par certains médias.

Comment expliquer alors cette injonction récurrente de plus de répression dans une société qui a fait de la sexualité l'espace de la criminalité la plus punie et qui ne cesse de renforcer les mesures répressives et préventives en faveur des femmes, y compris devant le juge aux affaires familiales dont les pouvoirs en matière d'éviction du conjoint violent ont été renforcés en 2020 ?

Cerner ce phénomène, apparemment paradoxal, nécessite qu'on l'appréhende à travers le prisme d'un concept forgé par le « féminisme carcéral », pour reprendre l'expression d'Elizabeth Bernstein[199], à savoir :

---

[196] M. Lelièvre et Th. Léonard, « Chapitre 17. Une femme peut-elle être jugée violente ? Les représentations de genre et les conditions de leur subversion lors des procès en comparution immédiate », dans C. Cardi et G. Pruvost, *Penser la violence des femmes*, La Découverte, 2017, pp. 314-329. Lire également, M. Boëton, « Les juges sont plus indulgents vis-à-vis des femmes », *La Croix*, 22 août 2018.

[197] Th. Curry, G. Lee, F. Rodriguez, « Does Victim Gender Increase Sentence Severity? Further Explorations of Gender Dynamics and Sentencing Outcomes », *Crime and Delinquency*, vol. 50, n° 3, 2004.

[198] B. Russell, D. Oswald, S. Kraus, « Evaluations of sexual assault: perceptions of guilt and legal elements for male and female aggressors using various coercive strategies », *Violence and Victims*, vol. 26, n° 6, 2011, pp. 799-815.

[199] E. Bernstein, « The Sexual Politics of the New Abolitionism », *Differences*, vol. 18, no 3, 2007

la culture du viol (*rape culture*). Selon S. Zaccour, « parler de culture du viol, c'est mettre l'accent sur la dimension collective et sociétale du problème des violences sexuelles, plutôt que de considérer le viol comme un événement isolé et fortuit. L'expression 'culture du viol' braque les projecteurs sur les mécanismes institutionnels et culturels qui assurent la pérennité des violences envers les femmes même en l'absence de personnes intentionnellement sexistes. Elle explique la pandémie de violences sexuelles autrement que par les actions, prises isolément, de millions de violeurs. La culture du viol, profondément ancrée dans notre société, bénéficie aux hommes - pas juste aux violeurs - et opprime les femmes - pas juste les victimes. »[200]

Dans ce contexte, au lieu de privilégier la prévention et la justice restaurative, le féminisme différentialiste choisira l'État punitif comme arme politique[201]. L'abolitionnisme pénal et les prisons ouvertes, exemples du combat du féminisme classique, seront remplacés par une course aux poursuites judiciaires et à l'emprisonnement pour mettre fin au sexisme et au patriarcat comme le montrent les analyses de R. Lancaster[202]. La victimisation et la délation ont progressivement déplacé la responsabilité individuelle et l'idéal d'émancipation.

---

[200] S. Zeccour et M. Lessard, « La culture du viol dans le discours juridique : soigner ses mots pour combattre les violences sexuelles », *Canadian Journal of Women and the Law*, vol. 33, no 2, pp. 175- 205.

[201] Pour une analyse de la participation du féminisme dans le virage répressif des politiques internationales contre la prostitution, la pornographie et la violence de genre voir : Janet Halley, « Rape at Rome. Feminist interventions in the criminalization of sex-related violence in positive international criminal law. » *Michigan Journal of International Law*, vol. 30, no 1, 2008.

[202] R. N. Lancaster, *Sex Panic and the Punitive State*, University of California Press, 2011.

La notion de « culture du viol » devient ainsi un outil militant permettant d'effacer l'acte individuel dans un système impersonnel puisque, comme l'affiche un célèbre slogan du néo-féminisme : « viol = crime contre la classe des femmes »[203]. La « culture du viol » permet de transformer la violence individuelle en une arme du patriarcat pour dominer les femmes. En effet, la notion de viol ne renvoie pas ici à un comportement criminel, celui du violeur, mais à un élément supposé systémique et structurel qui cimente l'identité de La Femme. Andrea Dworkin a développé l'idée selon laquelle : « la pénétration demeure le moyen physiologique par lequel la femme est rendue inférieure. »[204] Pour l'influente théoricienne du féminisme radical, « les actes de la terreur s'échelonnent sur un *continuum* : viol, violence conjugale, exploitation sexuelle d'enfants, guerre, mutilations, torture, esclavage, enlèvement, agressions verbales, agressions culturelles et menaces de mort ou de sévices, menaces étayées par le pouvoir et le droit de passer aux actes. Les symboles de la terreur sont usuels et tout à fait triviaux : l'arme à feu, le couteau, la bombe, le poing et ainsi de suite. S'y ajoute le symbole caché de la terreur, encore plus significatif : le pénis. »[205] Dans ce régime de « sexuation patriarcale », pour reprendre l'expression de Nicole-Claude Mathieu[206], une femme est nécessairement victime du viol. Si elle prétend le contraire, soit elle souffre d'amnésie traumatique, soit elle ignore la

---

[203] C. Lesselier, « Les regroupements de lesbiennes dans le mouvement féministe parisien : positions et problèmes, 1970-1982 », *Groupe d'Études Féministes*, Éditions Tierce, 1991, pp. 87-103

[204] Andrea Dworkin, *Intercourse*, Free Press, New York, 1987, p.137.

[205] Andrea Dworkin, « Le Pouvoir », *Nouvelles Questions Féministes*, vol. 25, n°. 3, 2006, pp. 94-108.

[206] Nicole-Claude Mathieu, « Remarques sur la personne, le sexe et le genre », Gradhiva, *Revue d'histoire et d'archives de l'anthropologie*, n° 23, 1998, pp. 47-60.

contrainte sociale, comme le souligne Susan Griffin : « Nous savons que nous avons "consenti" à la coercition, nos esprits ont été formés à consentir par des années de conditionnement social – conditionnement que nous n'avons jamais choisi. »[207]

Dans ce paradigme, nul besoin non plus de procédures pour établir l'accusation parce que, comme l'affirme Catharine MacKinnon : « Nos esprits peuvent savoir que c'était vrai puisque nos corps, collectivement, l'éprouvent. »[208] Et encore moins de preuves concrètes, car « les preuves statistiques permettraient de trancher (…) puisque le préjudice porté à une femme en particulier est un concentré, pur à 100%, du préjudice qu'ont à supporter toutes les femmes. »[209]

En France, à la fin des années 1970, des groupes marginaux importent l'idée selon laquelle le viol est une pratique politique des hommes hétérosexuels permettant d'asseoir leur domination sur les femmes et que toute femme qui couche avec un homme devient une « collabo »[210].

Le droit français est en train d'être colonisé par cette idéologie comme le montre la mobilisation des concepts tels que « domination masculine », « emprise »,

---

[207] S. Griffin, « Sadomasochism and the Erosion of Self: A Critical Reading of Story of O », in Robin Ruth Linden et al., *Against Sadomasochism: A Radical Feminist Analysis, Frog in the well*, 1983, p. 187.

[208] C. MacKinnon, « Points against Postmodernism », *Chicago-Kent Law Review*, vol. 75, n° 3, 2000, pp. 687-712.

[209] C. MacKinnon, *Feminism, Marxism, Method and the State: Toward Feminist Jurisprudence*, The University of Chicago Press Journals, vol. 8, n° 4, 1983, pp. 635-658

[210] Selon I. Eloit, « le terme de « collaboration » est employé lors des premières rencontres de lesbienne radicales les 21 et 22 juin 1980 à Paris. » Voir « Oppression, déterminisme et liberté. À propos de la collaboration » [1980], *Nouvelles Questions féministes*, n° 1, mars 1981, pp. 83-85. Ilana Eloit, « Trouble dans le féminisme. Du « Nous, les femmes » au « Nous, les lesbiennes » : genèse du sujet politique lesbien en France (1970-1980) », *Revue d'histoire*, vol. 148, n°. 4, 2020, pp. 129-145.

« féminicide »[211], « système prostitutionnel », « patriarcat », « stéréotype de genre », « culture du viol », « sexisme », « phallocratie » ou encore « *continuum* de violences sexistes » présents dans des rapports officiels, dans des textes de loi et dans le langage des juges et de la doctrine des juristes. Ainsi, la CNCDH souligne : « la persistance de stéréotypes sexistes et de représentations erronées sur la sexualité, véhiculés au premier chef par la pornographie, mais aussi par la publicité et même, parfois, par la presse et la justice, conduisent à la persistance d'une culture du viol »[212] ou encore « les violences contre les femmes font partie d'un *continuum* de violence qui touche les femmes, parce qu'elles sont femmes. » Aussi, il semble fort significatif que le Législateur préfère le vocable « violence » à celui de « délinquance » ou « d'infraction » et que la plupart des publications utilisent le terme « victime »[213] en tant que synonyme de « plaignante. »

---

[211] Le terme de féminicide a été inventé par Diane Russel, militante féministe américaine. Elle le définit comme « le meurtre de femmes commis par des hommes parce que ce sont des femmes. » Un meurtre « motivé par la haine, le mépris, le plaisir ou le sentiment d'appropriation des femmes. » Si cette notion n'est pas encore intégrée au droit français, elle apparaît dans tous les rapports parlementaires relatifs aux violences sexistes et dans les pages officielles du ministère chargé de l'égalité entre les femmes et les hommes. En revanche, en droit français existe bien une circonstance aggravante lorsque le meurtre est commis « par le conjoint ou le concubin de la victime. » Alors que les mots « parricide » ou « infanticide » ont été supprimés du Code pénal de 1992, les néo-féministes militent pour que la catégorie « féminicide » intègre l'arsenal répressif français. Cette entreprise participe de l'essentialisation des femmes et de leur assignation au statut de victime. S'il semble sociologiquement pertinent pour expliquer les disparitions récurrentes de femmes dans la ville de *Ciudad Juarez* au Mexique depuis les années 1990 ou l'avortement sélectif des filles en Inde, l'usage du terme pour qualifier le meurtre de sa compagne est dépourvu de sens dans le cadre du droit pénal libéral de type universaliste : le meurtre d'une femme ne peut pas être plus sévèrement sanctionné que celui d'un homme.

[212] Avis relatif aux violences sexuelles : une urgence sociale et de sante publique, un enjeu de droits fondamentaux du 25 novembre 2018.

[213] CNCDH, « Avis sur les violences contre les femmes et les féminicides », 7 juin 2016.

Alors que pour qu'il y ait victime, judiciairement reconnue, il faut d'abord passer par la plainte et permettre à la justice d'engager un combat des vérités (des parties) pour établir la vérité.

De même, depuis plusieurs années, les magistrats constatent une « démesure répressive en matière sexuelle » où « les crimes sexuels sont souvent plus sévèrement sanctionnés que les crimes de sang. »[214] Et, même si les faits sont prescrits plutôt que de constater l'extinction automatique de l'action, le procureur peut toujours rouvrir une enquête pour vérifier si lesdits faits sont effectivement bien prescrits ou s'il existe d'éventuelles autres victimes. Une récente tribune publiée dans *Le Monde* soulignait que « le tribunal médiatique a fini par contaminer l'ordre judiciaire parce que le Parquet, censé représenter les intérêts de la société tout entière, a fait le choix d'ouvrir des enquêtes préliminaires sous des motifs spécieux plutôt que d'expliquer le rôle de la prescription, le bien-fondé de la non-rétroactivité de la loi pénale ou l'état actuel du droit qui, désormais, rend tous ces crimes quasi imprescriptibles. »[215]

L'État peut multiplier à l'infini les lois répressives et même rendre les crimes sexuels imprescriptibles ; la police peut se consacrer exclusivement à la lutte contre les violences sexuelles et les juges multiplier les peines que cela ne change rien puisqu'il ne s'agit nullement de punir un acte, mais de condamner une culture, celle du viol selon laquelle le sexe ne peut jamais être bon puisqu'il est le moyen d'assujettissement des femmes par les hommes.

Le féminisme différentialiste propose une grille de lecture systémique de la sexualité qui permet d'occulter

---

214 É. Alt, « Outrou : une justice très ordinaire » dans Syndicat de la magistrature, *Le sexe et ses juges*, Syllepse, Paris, 2006, p. 21.

215 Collectif, « Violences sexuelles Le tribunal médiatique a fini par contaminer l'ordre judiciaire », *Le Monde*, 16 février 2021.

juridiquement le consentement, même valide, si les actes auxquels on consent sont réputés nier la dignité humaine et réifier la femme, dignité que les néo-féministes prétendent connaître mieux que les femmes elles-mêmes[216]. Le juriste J.-F. Gaudreault-DesBiens souligne que « la liberté individuelle et l'autonomie de la volonté cèdent à un perfectionnisme social paternaliste dont la loi et le tribunal doivent se faire les catalyseurs. »[217]

En France, c'est cette idéologie qui a produit la loi de 2016 sur la pénalisation des clients de la prostitution. Désormais, toute personne qui se prostitue est une victime du système prostitutionnel et tout client un bourreau puisque, comme l'avait théorisé MacKinnon, « la liberté sexuelle des femmes devient synonyme de liberté d'agression sexuelle pour les hommes. » S. Brownmiller avance même que la « capacité biologique au viol » des hommes détermine le soubassement de l'ordre sexuel patriarcal[218]. Dans ce cadre, non seulement la prostitution, mais tout acte sexuel devient suspect, en tout cas s'il est de nature hétérosexuelle. Et la représentation même dudit acte apparaît comme susceptible d'un préjudice puisque, selon le néo-féminisme, « la pornographie est la théorie et le viol est la pratique. » Dans un monde patriarcal où les identités sexuelles sont figées, essentialisées presque naturalisées et où les rapports de genre sont nécessairement l'expression de la domination masculine, la seule issue possible est la suppression symbolique des

---

[216] Si une femme décide de se prostituer, de porter un enfant pour autrui (GPA), de participer à un concours de beauté, de faire une chirurgie esthétique, de se soumettre aux fantasmes masculins, de jouer dans un film porno ou de porter un voile, elle est « excommuniée » illico par les néo-féministes.

[217] J-F. Gaudreault-DesBiens, *Le sexe et le droit. Sur le féminisme juridique de Catharine MacKinnon*, Québec, Liber, 2001.

[218] S. Brownmiller, *Against Our Will. Men, Women and Rape*, New York, Simon and Schuster, 1975.

mâles comme le propose Alice Coffin lorsqu'elle écrit : « Il ne suffit pas de nous entraider, il faut, à notre tour, les éliminer. Les éliminer de nos esprits, de nos images, de nos représentations. Je ne lis plus les livres des hommes, je ne regarde plus leurs films, je n'écoute plus leurs musiques. [...] Les productions des hommes sont le prolongement d'un système de domination. »[219]

L'action des néo-féministes consiste justement à faire prendre conscience (*woke*) au « collectif Femme » qu'il est le fruit de l'exploitation sexuelle des hommes pour, par la suite, l'inviter à en tirer toutes les conséquences. Le néo-féminisme s'est ainsi donné pour mission de démasquer les femmes qui se disent libres de se prostituer et de montrer les déterminismes sociaux qui mènent ces femmes « aliénées » à penser de la sorte.

Alors que le citoyen de bonne foi se réclame des principes démocratiques tels que le droit d'accès à un tribunal indépendant, la présomption d'innocence[220], l'individualisation des peines, le débat contradictoire, la constitution des preuves, la prescription[221], le droit à l'oubli une fois la peine purgée[222], etc., le néo-féminisme, quant à lui, n'a que faire du droit (par nature masculin) et préfère le procès expéditif des médias, « à partir d'une source de vérité unique et par principe incontestable : la Parole des Victimes autoproclamées (...) dotée du pouvoir

---

[219] A. Coffin, *Le génie lesbien*, Grasset, Paris, 2020, p. 39.

[220] Irène Théry dénonce la présomption d'innocence « utilisée de manière machiste et dévoyée comme un blanc-seing donné aux agresseurs » et propose de créer « une présomption de véracité » pour les victimes. Voir son interview dans *Philosophie Magazine*, 18 février 2021.

[221] Plusieurs associations ont lancé un manifeste pour l'imprescriptibilité des crimes sexuels organisé par l'association Mémoire Traumatique et Victimologie et, en ce sens, une proposition de loi a été enregistrée à l'Assemblée nationale le 23 février 2021 sous le numéro 3907.

[222] Bertrand Cantat ne peut plus participer aux festivals, et un spectacle qui utilise sa musique comme bande son a été objecté par la ministre de la Culture même si le chanteur a purgé sa peine depuis longtemps.

performatif illimité d'attester la réalité. », comme l'a bien démontré Sabine Prokhoris[223].

Si le féminisme différentialiste entend se débarrasser des principes de droit, trop désincarnés et abstraitement trompeurs, c'est pour mieux imposer un nouvel ordre moral fondé sur une essentialisation du genre (mâle=prédateur, femelle=proie). Il impose une vision pessimiste de la sexualité associée systématiquement à la violence et au pouvoir (une femme qui dit ne pas avoir été victime d'agressions sexuelles n'est pas une vraie femme, car elle est victime de « fausse conscience »). Et impose un contrôle psychologique du sujet par la *consciousness-raising*, autrement dit, la désaliénation si chère à la théorie marxiste. Les stages de rééducation sexuelle proposés par la loi aux clients de la prostitution comme alternative à l'amende participent de cette entreprise d'orthopédie morale si chère aux néo-féministes.

Entreprise moraliste tendant à reformater les fantasmes sexuels et à refonder les rapports érotiques sur la base de la censure, cette version du féminisme est devenue un puritanisme sans Dieu où la haine de la sexualité, du corps et de la nudité constituent la trame d'une ascèse post-moderne inauguratrice d'une nouvelle ère de misandrie. Il ne s'agit plus d'égalité entre les sexes, mais d'abolir la prostitution, de pénaliser le client, de mettre fin à la pornographie, de condamner le libertinage (le sadomasochisme, le *fist fucking* et le *barebacking*) et *in fine*, « la jouissance masculine » puisque la *tabula rasa* instaurée par le féminisme radical et l'idéologie de la fémélleité[224] n'entend pas s'arrêter à la sexualité subie.

---

[223] S. Prokhoris, *Le mirage #MeToo*, Ed. Cherche-Midi, 2021, p. 19.

[224] Néologisme canadien inventé par un courant féministe identitaire pour fonder une éthique féminine maternaliste en rupture avec les logiques rationalistes et productivistes considérées essentiellement masculines.

Nous sommes ainsi passés de la lutte contre le harcèlement sexuel (tout à fait nécessaire et participant d'une politique de l'émancipation) au harcèlement de la sexualité par une surenchère normative aboutissant à la codification des sexualités[225]. Comme le souligne Coralie Courtaigne-Deslandes, « le droit pénal est désormais investi d'une mission de standardisation des comportements sexuels. »[226] Et cela non pas au nom de bonnes mœurs ou de la protection des droits d'autrui, mais en fonction d'une tutelle généralisée du collectif « Femme-Victime ». Pour ce faire, un argument faux qui cherche à apparaître comme vrai (afin de tromper l'auditoire) a été déployé, à savoir : la justice, complice de la domination masculine, tolère la violence faite aux femmes. Ce sophisme permet de cacher le combat culturel consistant non pas à mettre fin aux agressions concrètes que peuvent subir les femmes dans la rue, au bureau, au bordel et même dans la chambre matrimoniale, mais à instaurer un régime où la figure de la femme mariée qui fuit son mari et la lesbienne (comparées par Monique Wittig aux marrons)[227] constituent les héroïnes d'un nouveau récit du genre[228].

---

[225] Pour le néo-féminisme la bonne sexualité doit nécessairement être gratuite, affective, douce et intime. Même consenti, tout comportement qui s'écarte du standard est à proscrire

[226] Coralie Courtaigne-Deslandes, « À la recherche du fondement des infractions sexuelles contemporaines », *Droit pénal*, n° 2, février 2013, étude 5.

[227] Esclaves fugitifs rescapés de maitres se regroupant dans des communautés clandestines.

[228] « Dans une situation désespérée comparable à celle des cerfs et des esclaves, les femmes ont le « choix » entre être des fugitives et essayer d'échapper à leur classe (comme font les lesbiennes), et/ou de renégocier quotidiennement, terme à terme, le contrat social. […] La seule chose à faire est donc de se considérer ici même comme une fugitive, une esclave en fuite, une lesbienne », Monique Wittig, *La pensée straight*, éditions Amsterdam, 2018, p. 13.

Dans ce contexte, il semble nécessaire et même urgent de rendre audible un autre récit articulé non pas autour de la dénonciation militante de la domination structurelle, mais autour de la revendication de la liberté sexuelle des individus qu'ils soient hommes, femmes ou autres.

DIFFÉRENCE ENTRE L'ÉTAT DE DROIT ET L'ÉTAT MORAL

État de droit	**État moraliste**
Vie privée (*privacy*)	Ordre public
Autonomie individuelle	Contrainte sociale
Convention (culture)	Nature (Ordre symbolique)
Individu responsable	Individu victime
Droits subjectifs	Justification objective
Volonté individuelle	Identité narrative, communauté de sens
L'individu propriétaire de lui-même	L'individu usufruitier
Individu autonome	Individu sous tutelle
Consentement	Dignité humaine
Libre disposition de soi	Indisponibilité
Délibération démocratique	Vérité transcendante
Droit	Morale
In fine, l'individu décide	L'individu ne peut pas décider contre lui-même

TABLE DES MATIÈRES

Structures éditoriales du groupe L'Harmattan

L'Harmattan Italie
Via degli Artisti, 15
10124 Torino
harmattan.italia@gmail.com

L'Harmattan Hongrie
Kossuth l. u. 14-16.
1053 Budapest
harmattan@harmattan.hu

L'Harmattan Sénégal
10 VDN en face Mermoz
BP 45034 Dakar-Fann
senharmattan@gmail.com

L'Harmattan Cameroun
TSINGA/FECAFOOT
BP 11486 Yaoundé
inkoukam@gmail.com

L'Harmattan Burkina Faso
Achille Somé – tengnule@hotmail.fr

L'Harmattan Guinée
Almamya, rue KA 028 OKB Agency
BP 3470 Conakry
harmattanguinee@yahoo.fr

L'Harmattan RDC
185, avenue Nyangwe
Commune de Lingwala – Kinshasa
matangilamusadila@yahoo.fr

L'Harmattan Congo
219, avenue Nelson Mandela
BP 2874 Brazzaville
harmattan.congo@yahoo.fr

L'Harmattan Mali
ACI 2000 - Immeuble Mgr Jean Marie Cisse
Bureau 10
BP 145 Bamako-Mali
mali@harmattan.fr

L'Harmattan Togo
Djidjole – Lomé
Maison Amela
face EPP BATOME
ddamela@aol.com

L'Harmattan Côte d'Ivoire
Résidence Karl – Cité des Arts
Abidjan-Cocody
03 BP 1588 Abidjan
espace_harmattan.ci@hotmail.fr

Nos librairies en France

Librairie internationale
16, rue des Écoles
75005 Paris
librairie.internationale@harmattan.fr
01 40 46 79 11
www.librairieharmattan.com

Librairie des savoirs
21, rue des Écoles
75005 Paris
librairie.sh@harmattan.fr
01 46 34 13 71
www.librairieharmattansh.com

Librairie Le Lucernaire
53, rue Notre-Dame-des-Champs
75006 Paris
librairie@lucernaire.fr
01 42 22 67 13

www.ingramcontent.com/pod-product-compliance
Lightning Source LLC
LaVergne TN
LVHW010429230826
846092LV00009BA/1103

* 9 7 8 2 3 3 6 4 0 4 5 6 1 *